Delícias Italianas

A Arte da Culinária da Itália em sua Cozinha

Antonio Rossi

Contente

Nhoque com espinafre e batatas 7

Nhoque de frutos do mar com molho de tomate e azeitona 11

Nhoque verde ao molho rosa 16

Nhoque com sêmola 19

bolas de pão abruzzese 21

Crepes recheados com ricota 25

Timbales de crepe abruzzês com cogumelos 28

Espaguete artesanal toscano com molho de carne 32

Pici com alho e pão ralado 35

massa de macarrão com sêmola 38

Cavatelli com Ragu 40

Cavatelli com lula e açafrão 42

Cavatelli com rúcula e tomate 46

Orecchiette com ragu de porco 48

Orecchiette com Brócolis Rabe 51

Orecchiette com couve-flor e tomate 54

Orecchiette com salsicha e repolho 56

Orecchiette com espadarte 58

risoto branco 68

Risoto de açafrão à milanesa 71

risoto com aspargos 74

Risoto com pimenta vermelha 77

Risoto com tomate e rúcula 81

Risoto com vinho tinto e radicchio 84

Risoto com couve-flor cremosa 88

risoto de limão 91

risoto de espinafre 94

risoto com abóbora dourada 97

risoto de ervilha veneziana 100

Risoto Primavera 103

Risoto com tomate e fontina 107

Risoto de camarão e aipo 110

Risoto com "frutos do mar" 115

Borrego assado com batatas, alho e alecrim 118

Perna de borrego com limão, ervas e alho 120

Abóbora recheada com borrego cozido 122

Coelho com vinho branco e ervas 124

coelho com azeitonas 127

Coelho, estilo Porchetta 129

coelho com tomate 132

Coelho guisado agridoce 134

Coelho assado com batatas 137

alcachofras marinadas 140

alcachofra romana 142

alcachofras cozidas 144

Alcachofras, estilo judaico 146

Ensopado de legumes primavera romeno 148

Corações crocantes de alcachofra 150

alcachofras recheadas 152

Alcachofras recheadas à moda siciliana 155

Espargos "na frigideira" 158

Espargos com azeite e vinagre 160

Espargos com manteiga de limão 162

Espargos com molhos diferentes 164

Espargos com molho de alcaparras e ovos 166

Aspargos com Parmesão e Manteiga 168

Wraps de espargos e presunto 170

espargos fritos 172

Espargos em Zabaglione 174

Espargos com Taleggio e pinhões 176

timbale de espargos 178

Feijão estilo country 180

feijão toscano 182

salada de feijão 185

feijão e repolho 187

Feijão ao molho de tomate e sálvia 189

caçarola de grão de bico 191

Feijão com legumes amargos 193

Feijão fresco, à romana 196

Feijão fresco, estilo da Úmbria 198

Brócolis com óleo e limão 200

Brócolis à moda de Parma 202

Rabe de brócolis com alho e pimenta 204

Brócolis com presunto 206

Brócolis Rabe Bread Bites 208

Rabe de brócolis com bacon e tomate 210

Bolos pequenos de vegetais 212

couve-flor frita 214

purê de couve-flor 217

couve-flor frita 219

Nhoque com espinafre e batatas

Nhoque com batata e espinafre

Rende 6 porções

Embora muitas vezes não sejam feitos na Itália, às vezes gosto de servir nhoque com ensopado ou ensopado. Eles absorvem muito bem o molho e são uma boa mudança de purê de batata ou polenta. Experimente estes nhoques (sem molho nem queijo) como acompanhamento<u>rabo de boi à romana</u>OU<u>ensopado de carne Friuli</u>.

1 1/2 kg de batatas assadas

1 saco (10 onças) de espinafre picado

Sal

2 xícaras de farinha de trigo e mais para modelar o nhoque

1 ovo grande, batido

    1/2 xícara<u>Molho de Manteiga e Sálvia</u>

1 xícara de Parmigiano-Reggiano ralado

1. Coloque as batatas em uma panela grande com água fria para cobrir. Tampe a panela e leve ao fogo. Cozinhe até que as batatas estejam macias quando perfuradas com uma faca, cerca de 20 minutos.

descongelamento. Coloque o espinafre em uma panela grande com 1/2 xícara de água e sal a gosto. Cubra e cozinhe até que o espinafre esteja macio, cerca de 2 a 3 minutos. Escorra o espinafre e deixe esfriar. Coloque o espinafre em uma toalha e esprema o líquido. Pique o espinafre muito finamente.

3. Com as batatas ainda quentes, descasque e corte em pedaços. Amasse as batatas usando os orifícios menores em um moinho de comida ou farinha ou à mão com um espremedor de batatas. Adicione o espinafre, o ovo e 2 colheres de chá de sal. Adicione 11/2 xícaras de farinha até combinar. A massa ficará dura.

Quatro. Raspe as batatas em uma superfície enfarinhada. Amasse brevemente, adicionando o máximo de farinha restante necessário para obter uma massa macia, apenas o suficiente para que os nhoques mantenham a forma quando cozidos, mas não tanto que fiquem pesados. A massa deve ficar levemente pegajosa. Em caso de dúvida, leve uma panela pequena com água para ferver e adicione um pedaço de massa como teste. Cozinhe até o nhoque subir ao topo. Se a massa começar a soltar, acrescente mais farinha. Caso contrário, a massa está boa.

5.Deixe a massa de lado por um momento. Raspe a placa para remover qualquer massa restante. Lave e seque as mãos e depois polvilhe com farinha. Forre um ou dois tabuleiros grandes e polvilhe com farinha.

6.Corte a massa em 8 pedaços. Mantendo a massa restante coberta, enrole uma peça em uma longa corda com cerca de 3/4 de polegada de espessura. Corte a corda em pepitas de 1/2 polegada.

7.Para moldar a massa, segure um garfo em uma mão com os dentes apontando para baixo. Com o polegar da outra mão, enrole cada pedaço de massa sobre a parte de trás dos dentes, pressionando levemente para fazer sulcos de um lado e cavidade do outro. Coloque os nhoques nas assadeiras preparadas. As peças não devem se tocar. Repita com a massa restante.

8. Refrigere o nhoque até que esteja pronto para cozinhar. (O nhoque também pode ser congelado. Coloque as assadeiras no freezer por uma hora ou até ficar firme. Coloque o nhoque em um saco plástico grande e resistente. Congele por até um mês. Não descongele antes de cozinhar.)

9. Prepare o molho. Para cozinhar o nhoque, leve uma panela grande de água para ferver. Adicione sal a gosto. Reduza o fogo para que a água ferva suavemente. Coloque cerca de metade dos nhoques na água. Cozinhe por cerca de 30 segundos depois que o nhoque subir ao topo. Retire os nhoques da panela com uma escumadeira e escorra bem os pedaços.

10. Prepare uma travessa plana e aquecida. Despeje uma fina camada de molho quente na tigela. Adicione o nhoque e misture delicadamente. Cozinhe o nhoque restante da mesma maneira. Despeje mais molho e polvilhe com queijo. É servido quente.

Nhoque de frutos do mar com molho de tomate e azeitona

Nhoque de peixe com molho de azeitona

Rende 6 porções

Na Sicília, o nhoque de batata às vezes é temperado com linguado ou outro peixe delicado. Eu os sirvo com um molho de tomate levemente picante, mas um molho de manteiga e ervas também ficaria delicioso. Não há necessidade de queijo nesta massa.

1 quilo de batatas assadas

1 1/4 xícara de azeite

1 cebola pequena, bem picada

1 dente de alho

12 onças de filés de linguado ou outro peixe branco delicado, cortados em pedaços de 2 polegadas

1 1/2 xícara de vinho branco seco

Sal e pimenta-do-reino moída na hora

1 ovo grande, batido

Cerca de 2 xícaras de farinha de trigo

Mergulhar

$1$1/4 xícara de azeite

1 cebolinha picada

2 filés de anchova

1 colher de sopa de pasta de azeitona preta

2 xícaras de tomates frescos sem pele, sem sementes e picados ou tomates italianos importados enlatados, escorridos e picados

2 colheres de sopa de salsa fresca picada

Sal e pimenta-do-reino moída na hora

1. Coloque as batatas em uma panela com água fria para cobrir. Deixe ferver e cozinhe até ficar macio quando perfurado com uma faca. Escorra e deixe esfriar.

descongelamento. Em uma panela média, refogue a cebola e o alho no azeite por 5 minutos em fogo médio, até a cebola ficar macia. Adicione o peixe e cozinhe por 1 minuto. Adicione o vinho, sal e pimenta a gosto. Cozinhe até que o peixe esteja macio e a maior parte do líquido tenha evaporado, cerca de 5 minutos. Deixe esfriar e raspe o conteúdo da panela em um processador de alimentos ou liquidificador. Bata até ficar homogêneo.

3.Cubra panelas grandes com papel alumínio ou filme plástico. Passe as batatas por um processador de alimentos ou espremedor em uma tigela grande. Adicione o purê de peixe e o ovo. Aos poucos, adicione farinha e sal a gosto para fazer uma massa levemente pegajosa. Amasse brevemente até ficar homogêneo e bem combinado.

Quatro. Divida a massa em 6 pedaços. Mantendo a massa restante coberta, enrole uma peça em uma longa corda com cerca de 3/4 de polegada de espessura. Corte a corda em pedaços de 1/2 polegada de comprimento.

5.Para moldar a massa, segure um garfo em uma mão com os dentes apontando para baixo. Com o polegar da outra mão, enrole cada pedaço de massa sobre a parte de trás dos dentes, pressionando levemente para fazer sulcos de um lado e cavidade do outro. Coloque os nhoques nas assadeiras preparadas. As peças não devem se tocar. Repita com a massa restante.

6. Refrigere o nhoque até que esteja pronto para cozinhar. (O nhoque também pode ser congelado. Coloque as assadeiras no freezer por uma hora ou até ficar firme. Coloque o nhoque em um saco plástico grande e resistente. Congele por até 1 mês. Não descongele antes de cozinhar.)

7. Para o molho, misture o óleo com as cebolinhas em uma panela grande. Adicione os filés de anchova e cozinhe até que a anchova se dissolva, cerca de 2 minutos. Adicione a pasta de azeitona, os tomates e a salsa. Adicione sal e pimenta e cozinhe até o suco de tomate engrossar ligeiramente, 8 a 10 minutos. Coloque metade do molho em uma tigela grande e quente para servir.

8. Prepare o nhoque: Leve uma panela grande de água para ferver. Adicione sal a gosto. Reduza o fogo para que a água ferva suavemente. Coloque cerca de metade dos nhoques na água. Cozinhe por cerca de 30 segundos depois que o nhoque subir ao topo. Retire os nhoques da panela com uma escumadeira e escorra bem os pedaços. Disponha os nhoques em uma tigela. Cozinhe o nhoque restante da mesma maneira.

Adicione o molho restante e misture delicadamente. Sirva imediatamente.

Nhoque verde ao molho rosa

Nhoque Verdi ao Molho Rossa

Rende 6 porções

Eu comi esses bolinhos pela primeira vez em Roma, embora sejam mais típicos da Emilia-Romagna e da Toscana. São mais leves que o nhoque de batata, e os legumes desfiados dão uma textura na superfície para que você não precise moldar as almôndegas com um garfo. Para variar, tente borrifá-los<u>Molho de Manteiga e Sálvia</u>.

    3 xícaras<u>molho rosa</u>

1 quilo de espinafre, sem os talos

1 libra de acelga suíça, hastes removidas

1 1/4 xícara de água

Sal

2 colheres de sopa de manteiga sem sal

1 1/4 xícara de cebola bem picada

1 quilo de ricota inteira ou parcialmente desnatada

2 ovos grandes

1 1⁄2 xícara de Parmigiano-Reggiano ralado

1 1/4 colher de chá de noz-moscada moída

pimenta preta moída na hora

11⁄2 dl de farinha de trigo

1. Prepare o molho. Em seguida, misture os dois legumes, água e sal em uma panela grande a gosto. Cozinhe por 5 minutos ou até ficar macio e mole. Escorra e deixe esfriar. Enrole os legumes em uma toalha e pressione para extrair o líquido. Pique bem.

descongelamento. Em uma panela de tamanho médio, derreta a manteiga em fogo médio. Adicione as cebolas e cozinhe, mexendo ocasionalmente, até dourar, cerca de 10 minutos.

3. Em uma tigela grande, misture a ricota, o ovo, 1 xícara de Parmigiano-Reggiano, noz-moscada, sal e pimenta a gosto. Adicione a cebola e os legumes picados e misture bem. Misture a farinha até misturar bem. A massa ficará macia.

Quatro. Forre as assadeiras com papel manteiga ou papel manteiga. Molhe as mãos com água fria. Retire uma colher de massa. Forme delicadamente uma bola de 3/4 de polegada. Coloque a bola em uma assadeira. Repita com a massa restante. Cubra com filme plástico e leve à geladeira até que esteja pronto para cozinhar.

5.Leve pelo menos 4 litros de água para ferver. Adicione sal a gosto. Reduza ligeiramente o lume. Adicione metade do nhoque um pouco de cada vez. Quando subir à superfície, ferva por mais 30 segundos.

6.Despeje metade do molho quente em uma travessa quente. Retire os nhoques com uma escumadeira e escorra bem. Adicione-os à fonte. Cubra e mantenha aquecido enquanto cozinha o nhoque restante da mesma maneira. Despeje o restante do molho e do queijo. Sirva quente.

Nhoque com sêmola

Nhoque alla Romana

Rende de 4 a 6 porções

Certifique-se de cozinhar a areia completamente com o líquido. Se estiver mal cozida, tende a derreter em uma massa em vez de manter sua forma quando assada. Mas mesmo que isso aconteça, o sabor será incrível.

2 xícaras de leite

2 xícaras de água

1 xícara de sêmola fina

2 colheres de chá de sal

4 colheres de sopa de manteiga sem sal

descongelamento/3 xícara de Parmigiano-Reggiano ralado

2 gemas

1. Em uma panela média, aqueça o leite e 1 xícara de água em fogo médio até ferver. Misture o restante 1 xícara de água e

areia. Despeje a mistura no líquido. Adicione o sal. Cozinhe, mexendo sempre, até a mistura ferver. Reduza o fogo para baixo e cozinhe, mexendo bem, por 20 minutos ou até a mistura ficar bem grossa.

descongelamento. Tire a panela do fogo. Adicione 2 colheres de sopa de manteiga e metade do queijo. Bata as gemas rapidamente com um batedor.

3.Molhe levemente uma assadeira. Despeje a areia no prato e espalhe até 1/2 polegada de espessura com uma espátula de metal. Deixe esfriar, cubra e leve à geladeira por uma hora ou até 48 horas.

Quatro. Coloque uma grade no centro do forno. Pré-aqueça o forno a 400 ° F. Unte uma assadeira de 13 × 9 × 2 polegadas.

5.Mergulhe um biscoito ou cortador de biscoito de 3,5 cm em água fria. Fatie a sêmola e coloque os pedaços em uma assadeira preparada, ligeiramente sobrepostos.

6.Derreta as 2 colheres de sopa restantes de manteiga em uma panela pequena e despeje sobre o nhoque. Polvilhe com o queijo restante. Asse por 20 a 30 minutos ou até dourar e borbulhar. Deixe esfriar por 5 minutos antes de servir.

bolas de pão abruzzese

Polpette di Pane al Sugo

Rende de 6 a 8 porções

Quando visitei a vinícola Orlandi Contucci Ponno em Abruzzo, desfrutei de uma degustação de seus excelentes vinhos, que incluíam brancos Trebbiano d'Abruzzo e tintos Montepulciano d'Abruzzo, além de vários blends. Vinhos tão bons como estes merecem uma boa refeição e o nosso almoço não desiludiu, com destaque para as almôndegas de ovo, queijo e pão cozido em molho de tomate. Embora eu não tivesse experimentado antes, um pouco de pesquisa me mostrou que essas "almôndegas sem carne" também são populares em outras regiões da Itália, como Calábria e Basilicata.

O chef do porão me disse que fazia as almôndegas com pão mollika, o interior do pão sem a casca. Eu faço com pão integral. Como o pão italiano que compro aqui não é tão resistente quanto o pão da Itália, a crosta dá uma textura extra aos bolinhos.

Se você planeja prepará-los com antecedência, mantenha as almôndegas e o molho separados até a hora de servir, para que as almôndegas não absorvam muito molho.

1 pão italiano ou francês de 12 onças, cortado em pedaços de 2,5 cm (cerca de 8 xícaras)

2 xícaras de água fria

3 ovos grandes

1/2 xícara de pecorino romano ralado e mais para servir

1 1/4 xícara de salsa fresca picada

1 dente de alho, finamente picado

óleo vegetal para fritar

Mergulhar

1 cebola média, finamente picada

1 1/2 xícara de azeite

2 latas (28 onças) de tomates italianos descascados com suco, picados

1 pequeno peoncino seco, picado ou uma pitada de pimenta vermelha moída

Sal

6 folhas frescas de manjericão

1. Corte ou rasgue o pão em pedaços pequenos ou triture o pão em um processador de alimentos até obter migalhas grossas. Mergulhe o pão em água por 20 minutos. Pressione o pão para retirar o excesso de água.

descongelamento. Em uma tigela grande, bata os ovos, queijo, salsa e alho com uma pitada de sal e pimenta a gosto. Adicione a farinha de rosca e misture muito bem. Se a mistura parecer seca, adicione outro ovo. Mexa bem. Forme a mistura em bolas do tamanho de bolas de golfe.

3. Despeje óleo suficiente para atingir uma profundidade de 1/2 polegada em uma frigideira grande e pesada. Aqueça o óleo em fogo médio até que uma gota da mistura de pão chie quando cair no óleo.

Quatro. Adicione as almôndegas à panela e cozinhe, virando-as delicadamente, até dourar por todos os lados, cerca de 10 minutos. Escorra as bolinhas em papel toalha.

5.Para fazer o molho, em uma panela grande, refogue a cebola no azeite em fogo médio até murchar. Acrescente os tomates, o peboncino e sal a gosto. Cozinhe em fogo baixo por 15 minutos ou até engrossar levemente.

6.Adicione as bolas de pão e regue com o molho. Cozinhe em fogo baixo por mais 15 minutos. Polvilhe com manjericão. Sirva com queijo adicional.

Crepes recheados com ricota

Manicotti

Rende de 6 a 8 porções

Embora muitos cozinheiros usem tubos de macarrão para fazer manicotti, esta é a receita da família napolitana de minha mãe feita com crepes. As manicotes prontas são muito mais leves do que seriam feitas com macarrão, e alguns cozinheiros acham as manicotes mais fáceis de fazer com crepes.

3 xícaras <u>ragu napolitano</u>

crepes

1 xícara de farinha de trigo

1 xícara de água

3 ovos

1 1/2 colher de chá de sal

Óleo vegetal

Enchimento

2 quilos de ricota inteira ou parcialmente desnatada

4 onças de mussarela fresca, picada ou ralada

1/2 xícara de Parmigiano-Reggiano ralado

1 ovo grande

2 colheres de sopa de salsa fresca picada

pimenta preta moída na hora a gosto

Ponta da faca de sal

1/2 xícara de Parmigiano-Reggiano ralado

1. Prepare o ragu. Em seguida, misture os ingredientes do crepe em uma tigela grande até ficar homogêneo. Cubra e leve à geladeira por 30 minutos ou mais.

descongelamento. Aqueça uma frigideira antiaderente de 6 polegadas ou panela de omelete em fogo médio. Unte levemente a frigideira. Segure a panela com uma mão e despeje aprox. 1/3 xícara de massa de crepe. Imediatamente levante e vire a panela para que cubra completamente o fundo com uma fina camada de massa. Despeje o excesso de massa.

Cozinhe por um minuto ou até que a borda do crepe fique marrom e comece a subir da panela. Use os dedos para virar o crepe e doure levemente o outro lado. Cozinhe por mais 30 segundos ou até dourar.

3. Deslize o crepe cozido em um prato. Repita, fazendo crepes com a massa restante e empilhando-os uns sobre os outros.

Quatro. Para fazer o recheio, misture todos os ingredientes em uma tigela grande até combinado.

5. Espalhe uma fina camada de molho em uma assadeira de 13 × 9 × 2 polegadas. Para rechear os crepes, despeje aprox. 1/4 xícara de recheio longitudinalmente, em um lado de um crepe. Enrole o crepe em um cilindro e coloque-o na assadeira, com a costura voltada para baixo. Continue enchendo e enrolando os crepes restantes e dobrando-os. Adicione o molho adicional com uma colher. Polvilhe com queijo.

6. Coloque uma grade no centro do forno. Pré-aqueça o forno a 350 ° F. Asse por 30 a 45 minutos ou até que o molho esteja borbulhando e o manicotti esteja aquecido. É servido quente.

Timbales de crepe abruzzês com cogumelos

Timballo di Scrippelle

Rende 8 porções

Uma amiga cuja avó veio de Teramo, na região de Abruzzo, lembrou-se da deliciosa caçarola de cogumelos e queijo que sua avó fazia para as festas de fim de ano. Aqui está uma versão desse prato que adaptei do livro Slow Food Editore Ricette di Osteria d'Italia. Segundo o livro, os crepes originaram-se de elaborados pratos de crepes que os cozinheiros franceses introduziram na região no século XVII.

2 1/2 xícaras molho de tomate toscano

crepes

5 ovos grandes

1 1/2 dl de água

1 colher de chá de sal

1 1/2 dl de farinha de trigo

óleo vegetal para fritar

Enchimento

1 xícara de cogumelos secos

1 xícara de água morna

1 1/4 xícara de azeite

1 quilo de cogumelos brancos frescos, lavados e cortados em fatias grossas

1 dente de alho, finamente picado

2 colheres de sopa de salsa fresca de folhas planas

Sal e pimenta-do-reino moída na hora

12 onças de mussarela fresca, aparadas e cortadas em pedaços de 1 polegada

1 xícara de Parmigiano-Reggiano ralado

1. Prepare o molho de tomate. Em uma tigela grande, misture os ingredientes do crepe até ficar homogêneo. Cubra e leve à geladeira por 30 minutos ou mais.

descongelamento. Aqueça uma frigideira antiaderente de 6 polegadas ou panela de omelete em fogo médio. Unte levemente a frigideira. Segure a panela com uma mão e despeje aprox. 1/3 xícara de massa de crepe. Imediatamente levante e vire a panela para que cubra completamente o fundo com uma fina camada de massa. Despeje o excesso de massa. Cozinhe por 1 minuto ou até que a borda do crepe fique marrom e comece a subir da panela. Use os dedos para virar o crepe e doure levemente o outro lado. Cozinhe por mais 30 segundos ou até dourar.

3.Deslize o crepe cozido em um prato. Repita fazendo o crepe com a massa restante, empilhando-os uns sobre os outros.

Quatro. Para fazer o recheio, deixe os cogumelos secos de molho em água por 30 minutos. Retire os cogumelos e reserve o líquido. Lave os cogumelos em água fria para remover a areia, prestando atenção especial às extremidades dos caules onde a sujeira se acumula. Corte os cogumelos em pedaços grandes. Coe o líquido do cogumelo através de um filtro de café de papel em uma tigela.

5.Aqueça o óleo em uma panela grande. Adicione os cogumelos. Cozinhe, mexendo sempre, até que os cogumelos estejam dourados, 10 minutos. Adicione o alho, a salsa e sal e pimenta a gosto. Cozinhe até que o alho fique dourado, mais 2 minutos. Adicione os cogumelos secos e seu líquido. Cozinhe por 5 minutos ou até que a maior parte do líquido tenha evaporado.

6. Coloque uma grade no centro do forno. Pré-aqueça o forno a 375 ° F. Despeje uma fina camada de molho de tomate em uma assadeira de 13 × 9 × 2 polegadas. Faça uma camada de crepes, sobrepondo-os ligeiramente. Continue com uma camada de cogumelos, mussarela, molho e queijo. Repita as camadas, finalize com crepes, molho e queijo ralado.

7. Asse por 45 a 60 minutos ou até o molho borbulhar. Deixe repousar 10 minutos antes de servir. Corte em quadrados e sirva quente.

Espaguete artesanal toscano com molho de carne

Pici al Ragu

Rende 6 porções

Fios mastigáveis de massa artesanal são populares na Toscana e em partes da Úmbria, geralmente salteados com um ragu de carne. A massa é chamada de pici ou pinci e vem da palavra appicciata, que significa "espalhar na mão".

Aprendi a prepará-los em Montefollonico, em um restaurante chamado La Chiusa, onde o chef chega a todas as mesas e faz uma pequena demonstração de como prepará-los. Eles são muito fáceis de fazer, embora demorados.

3 xícaras de farinha de trigo não branqueada e mais para moldar a massa

Sal

1 colher de sopa de azeite

Cerca de 1 xícara de água

    6 xícaras molho toscano de carne

1/2 xícara de Parmigiano-Reggiano ralado

1.Coloque a farinha e 1/4 colher de chá de sal em uma tigela grande e misture. Despeje o azeite no meio. Comece a misturar a mistura enquanto adiciona a água aos poucos e pare quando a massa começar a se juntar e formar uma bola. Vire a massa para uma superfície levemente enfarinhada e amasse até ficar lisa e elástica, cerca de 10 minutos.

descongelamento. Modele a massa em uma bola. Cubra com uma tigela virada para cima e deixe por 30 minutos.

3.Polvilhe um tabuleiro grande com farinha. Divida a massa em quartos. Trabalhe um quarto da massa, mantendo o restante coberto. Aperte pequenos pedaços do tamanho de avelãs.

Quatro. Em uma superfície levemente enfarinhada, com as mãos espalmadas, abra cada pedaço de massa para formar fios finos com cerca de 1/8 de polegada de espessura. Arrume os fios na assadeira preparada com algum espaço entre eles. Repita com a massa restante. Deixe a pasta secar descoberta por cerca de 1 hora.

5.Enquanto isso, prepare o molho. Em seguida, ferva 4 litros de água em uma panela grande. Adicione sal a gosto. Adicione a cebolinha e cozinhe até ficar al dente, macia, mas ainda firme ao morder. Escorra e despeje o macarrão com o molho em uma tigela grande aquecida. Polvilhe com queijo e misture novamente. É servido quente.

Pici com alho e pão ralado

Pici com Briciole

Rende de 4 a 6 porções

Este prato é do La Fattoria, um restaurante aconchegante à beira do lago perto da cidade etrusca de Chiusi.

> 1 libra esterlina<u>Espaguete artesanal toscano com molho de carne</u>, passos 1 a 6

1 1/2 xícara de azeite

4 dentes grandes de alho

1 1/2 xícara de farinha de rosca fina e seca

1 1/2 xícara de Pecorino Romano ralado na hora

1. Prepare o macarrão. Em uma frigideira grande o suficiente para acomodar toda a massa, aqueça o óleo em fogo médio-baixo. Esmague levemente os dentes de alho e adicione à panela. Cozinhe até que o alho fique dourado, cerca de 5 minutos. Não deixe dourar. Retire o alho da panela e adicione

a farinha de rosca. Cozinhe, mexendo sempre, até que as migalhas fiquem douradas, cerca de 5 minutos.

descongelamento. Enquanto isso, ferva pelo menos 4 litros de água. Adicione o macarrão e 2 colheres de sopa de sal. Misture bem. Cozinhe em fogo alto, mexendo sempre, até que a massa fique al dente, macia, mas firme ao morder. Escorra o macarrão.

3.Adicione o macarrão à panela com a farinha de rosca e misture bem em fogo médio. Polvilhe com queijo e misture novamente. Sirva imediatamente.

massa de macarrão com sêmola

Pesa cerca de 1 quilo

A farinha de sêmola de trigo duro é usada para fazer diferentes tipos de massas frescas no sul da Itália, especialmente na Puglia, Calabria e Basilicata. Quando cozidas, essas massas são mastigáveis e combinam bem com carnes robustas e molhos de vegetais. A massa é muito dura. Pode ser amassado à mão, embora seja um exercício e tanto. Prefiro usar um processador de alimentos ou um misturador pesado para deixar a mistura pesada e, em seguida, amasse um pouco à mão para garantir que a consistência esteja correta.

1 1/2 dl de farinha de sêmola fina

1 xícara de farinha de trigo e mais para assar

1 colher de chá de sal

Cerca de 2/3 xícara de água morna

1. Combine os ingredientes secos na tigela de um processador de alimentos de alta potência ou batedeira. Aos poucos, adicione água para fazer uma massa dura e não pegajosa.

descongelamento. Coloque a massa em uma superfície levemente enfarinhada. Sove até ficar homogêneo, cerca de 2 minutos.

3.Cubra a massa com uma tigela e deixe descansar por 30 minutos. Polvilhe duas assadeiras grandes com farinha.

Quatro. Corte a massa em 8 pedaços. Trabalhe uma peça de cada vez, mantendo as peças restantes cobertas com um prato virado ao contrário. Em uma superfície levemente enfarinhada, enrole um pedaço de massa em uma longa corda com cerca de 1/2 polegada de espessura. Modele a massa em cavatelli ou orrecchiette conforme descrito emCavatelli com RaguPrescrição médica.

Cavatelli com Ragu

Cavatelli com Ragu

Rende de 6 a 8 porções

Lojas e catálogos de equipamentos para fabricação de massas geralmente vendem uma máquina cavatelli. Parece um velho moedor de carne. Ele o prende no balcão, enfia um fio de massa em uma ponta, gira o cabo e cavatelli bem cozido sai na outra ponta. Um único lote dessa massa é muito curto, mas eu não me incomodaria a menos que fizesse cavatelli com frequência.

Ao moldar cavatelli, trabalhe em uma superfície de madeira ou outra textura áspera. A superfície áspera vai segurar os pedaços de massa para que você possa retirá-los com a faca em vez de deslizá-los como faria em um balcão liso e plano.

<u>ensopado de salsicha</u>OU<u>molho de tomate siciliano</u>

1 libra esterlina<u>massa de macarrão com sêmola</u>preparado pelo passo 4

Sal

1. Prepare o ragu ou o molho. Prepare 2 tabuleiros de forno polvilhados com farinha.

descongelamento. Corte a massa em pedaços de 1/2 polegada. Segure uma faca pequena com lâmina cega e ponta arredondada com o dedo indicador pressionado contra a lâmina. Achate cada pedaço de massa pressionando e puxando suavemente para que a massa se enrole na ponta da faca e forme uma concha.

3. Espalhe os pedaços nas assadeiras preparadas. Repita com a massa restante. (Se você não for usar o cavatelli por uma hora, coloque as panelas no freezer. Depois que as peças estiverem firmes, coloque-as em um saco plástico e feche bem. Não descongele antes de cozinhar.)

Quatro. Para cozinhar, leve quatro litros de água fria para ferver em fogo alto. Adicione o cavatelli e 2 colheres de sopa de sal. Cozinhe, mexendo ocasionalmente, até que a massa esteja macia, mas ainda um pouco mastigável.

5. Escorra o cavatelli e despeje em uma tigela para servir quente. Misture com o molho. Sirva quente.

Cavatelli com lula e açafrão

Cavatelli com Sugo di Calamari

Rende 6 porções

A textura levemente mastigável da lula complementa a mastigabilidade do cavatelli nesta moderna receita siciliana. O molho ganha uma textura suave e aveludada da mistura de farinha e azeite e uma bela cor amarela do açafrão.

1 colher de chá de fios de açafrão

2 colheres de sopa de água morna

1 cebola média, finamente picada

2 dentes de alho, picados muito finamente

5 colheres de sopa de azeite

1 libra pura lula (lula), cortada em anéis de 1/2 polegada

1 1/2 xícara de vinho branco seco

Sal e pimenta-do-reino moída na hora

1 colher de farinha

1 quilo de cavatelli fresco ou congelado

1 1/4 xícara de salsa fresca picada

Azeite virgem extra

1. Esmague o açafrão em água quente e reserve.

descongelamento. Em uma frigideira grande o suficiente para conter todo o macarrão, cozinhe a cebola e o alho em 4 colheres de sopa de óleo em fogo médio até que a cebola esteja levemente dourada, cerca de 10 minutos. Adicione a lula e cozinhe, mexendo, até que a lula fique opaca, cerca de 2 minutos. Adicione o vinho e sal e pimenta a gosto. Deixe ferver e cozinhe por 1 minuto.

3. Misture a colher de sopa restante de óleo e a farinha. Adicione a mistura à lula. Leve para ferver. Adicione a mistura de açafrão e cozinhe por mais 5 minutos.

Quatro. Enquanto isso, ferva pelo menos 4 litros de água. Adicione o macarrão e 2 colheres de sopa de sal. Misture bem. Cozinhe em fogo alto, mexendo sempre, até que a massa esteja macia, mas levemente cozida. Escorra o macarrão, reservando um pouco da água do cozimento.

5. Misture o macarrão na panela com as lulas. Adicione um pouco da água do cozimento reservada se a mistura parecer seca. Adicione a salsinha e misture bem. Retire do fogo e regue com um pouco de azeite extra virgem. Sirva imediatamente.

Cavatelli com rúcula e tomate

Cavatelli com Rughetta e Pomodori

Rende de 4 a 6 porções

A rúcula é mais conhecida como salada verde, mas na Puglia costuma ser cozida ou, como nesta receita, misturada em sopas quentes ou pratos de massa no último minuto para murchar. Eu amo o sabor picante e de nozes que ele acrescenta.

1 1/4 xícara de azeite

2 dentes de alho, bem picados

2 libras de tomates ameixa maduros, descascados, sem sementes e picados, ou 1 lata (28 onças) de tomates italianos descascados com seu suco

Sal e pimenta-do-reino moída na hora

1 quilo de cavatelli fresco ou congelado

1/2 xícara de ricota ralada ou salada Pecorino Romano

1 cacho grande de rúcula, aparado e cortado em pedaços pequenos (cerca de 2 xícaras)

1. Em uma frigideira grande o suficiente para conter todos os ingredientes, cozinhe o alho no óleo em fogo médio até dourar levemente, cerca de 2 minutos. Adicione os tomates e sal e pimenta a gosto. Leve o molho para ferver e cozinhe até engrossar, cerca de 20 minutos.

descongelamento. Leve pelo menos 4 litros de água para ferver. Adicione o macarrão e sal a gosto. Misture bem. Cozinhe em fogo alto, mexendo sempre, até que a massa esteja macia. Escorra o macarrão, reservando um pouco da água do cozimento.

3. Adicione o macarrão ao molho de tomate com metade do queijo. Adicione a rúcula e misture bem. Adicione um pouco da água do cozimento reservada se a massa parecer muito seca. Polvilhe com o queijo restante e sirva imediatamente.

Orecchiette com ragu de porco

Orecchiette com Ragù di Maiale

Rende de 6 a 8 porções

Minha amiga Dora Marzovilla vem de Rutigliano, perto de Bari. Ela é uma especialista em massas e aprendi muito observando-a. Dora tem um prato de macarrão especial de madeira que serve apenas para fazer macarrão. Embora Dora faça muitos tipos de massas frescas, como nhoque, cavatelli, ravióli e maloreddus, o nhoque da Sardenha com açafrão para o restaurante de sua família em Nova York, I Trulli, orecchiette é sua especialidade.

Fazer orecchiette é muito semelhante a fazer cavatelli. A principal diferença é que a casca da massa tem formato de cúpula mais aberta, uma espécie de frisbee invertido ou, no imaginário italiano chique, orelhinhas, de onde vem o nome.

   1 receita<u>massa de sêmola</u>

   3 xícaras<u>Ensopado de carne de porco com ervas frescas</u>

1 1/2 xícara de Pecorino Romano ralado na hora

1. Prepare o ragù e a massa. Disponha 2 tabuleiros grandes polvilhados com farinha. Corte a massa em pedaços de 1/2 polegada. Segure uma faca pequena com lâmina cega e ponta arredondada com o dedo indicador pressionado contra a lâmina. Achate cada pedaço de massa com a ponta da faca, pressionando e puxando delicadamente para que a massa forme um disco. Role cada disco sobre a ponta do polegar, criando uma forma de cúpula.

descongelamento. Espalhe os pedaços nas assadeiras preparadas. Repita com a massa restante. (Se você não for usar o orecchiette em 1 hora, coloque as formas no freezer. Quando os pedaços estiverem firmes, coloque-os em um saco plástico e feche-os bem. Não descongele antes de cozinhar.)

3. Leve pelo menos 4 litros de água para ferver. Adicione o macarrão e sal a gosto. Misture bem. Cozinhe em fogo alto, mexendo sempre, até que a massa fique al dente, macia, mas firme ao morder. Escorra o macarrão, reservando um pouco da água do cozimento.

Quatro. Adicione o macarrão ao ragu. Adicione o queijo e misture bem, acrescentando um pouco da água reservada do cozimento se o molho parecer muito grosso. Sirva imediatamente.

Orecchiette com Brócolis Rabe

Orecchiette com Cime di Tamboril

Rende de 4 a 6 porções

Este é quase o prato oficial da Puglia e você não o encontrará mais delicioso em lugar nenhum. Chama-se brócolis rabe, às vezes chamado de rapini, embora nabos, mostarda, couve ou brócolis comum também possam ser usados. O brócolis rabe tem caules e folhas longos e um sabor agradavelmente amargo, embora o cozimento amenize um pouco o amargor e o torne macio.

1 maço de brócolis rabe (cerca de 1 1/2 libras), cortado em pedaços de 1 polegada

Sal

1/3 xícara de azeite

4 dentes de alho

8 filés de anchovas

pimenta vermelha moída em pó

1 quilo de orecchiette ou cavatelli fresco

1. Leve uma panela grande de água para ferver. Adicione brócolis rabe e sal a gosto. Ferva o brócolis por 5 minutos e depois escorra. Ainda deve estar firme.

descongelamento. Seque a panela. Aqueça o azeite com o alho em lume médio-baixo. Adicione anchovas e pimenta vermelha. Quando o alho estiver dourado, acrescente o brócolis rabe. Cozinhe, mexendo bem, para revestir o brócolis com óleo, até ficar macio, cerca de 5 minutos.

3. Leve pelo menos 4 litros de água para ferver. Adicione o macarrão e sal a gosto. Misture bem. Cozinhe em fogo alto, mexendo sempre, até que a massa fique al dente, macia, mas firme ao morder. Escorra o macarrão, reservando um pouco da água do cozimento.

Quatro. Adicione o macarrão ao rabe de brócolis. Cozinhe, mexendo, por 1 minuto ou até que a massa esteja bem misturada. Adicione um pouco da água do cozimento, se necessário.

Variação: Retire as anchovas. Sirva a massa polvilhada com amêndoas tostadas picadas ou Pecorino Romano ralado.

Variação: Retire as anchovas. Retire as tripas de 2 salsichas italianas. Corte a carne e frite com alho, pimenta e brócolis. É servido polvilhado com Pecorino Romano.

Orecchiette com couve-flor e tomate

Orecchiette com Cavolfiore e Pomodori

Rende de 4 a 6 porções

Um parente siciliano me ensinou a fazer essa massa, mas também é consumida na Puglia. Se preferir, pode substituir a farinha de rosca por queijo ralado.

1/3 xícara mais 2 colheres de sopa de azeite

1 dente de alho, finamente picado

3 libras de tomates ameixa, descascados, sem sementes e picados ou 1 lata (28 onças) de tomates italianos importados com seu suco, picados

1 couve-flor média, aparada e cortada em florzinhas

Sal e pimenta-do-reino moída na hora

3 colheres de farinha de rosca seca

2 anchovas picadas (opcional)

1 quilo de orecchiette fresco

1. Em uma frigideira grande o suficiente para conter todos os ingredientes, cozinhe o alho em 1/3 xícara de azeite em fogo médio até dourar. Adicione os tomates e sal e pimenta a gosto. Deixe ferver e cozinhe por 10 minutos.

descongelamento. Adicione a couve-flor. Cubra e cozinhe, mexendo ocasionalmente, até que a couve-flor esteja bem macia, cerca de 25 minutos. Amasse um pouco de couve-flor com as costas de uma colher.

3. Em uma frigideira pequena, aqueça as 2 colheres de sopa restantes de óleo em fogo médio. Adicione farinha de rosca e anchovas, se estiver usando. Cozinhe, mexendo, até que as migalhas estejam fritas e o óleo seja absorvido.

Quatro. Leve pelo menos 4 litros de água para ferver. Adicione o macarrão e sal a gosto. Cozinhe, mexendo sempre, até que a massa esteja al dente, macia, mas firme ao morder. Escorra o macarrão, reservando um pouco da água do cozimento.

5. Misture o macarrão com o molho de tomate e couve-flor. Adicione um pouco da água do cozimento, se necessário. Polvilhe com pão ralado e sirva de imediato.

Orecchiette com salsicha e repolho

Orecchiette com Salsiccia e Cavolo

Rende 6 porções

Quando minha amiga Domenica Marzovilla voltou de uma viagem à Toscana, ela me descreveu essa massa, que havia comido na casa de uma amiga. Parecia tão simples e bom que fui para casa e fiz.

2 colheres de sopa de azeite

8 onças de linguiça de porco doce

8 onças de linguiça de porco quente

2 xícaras de tomate italiano importado enlatado, escorrido e picado

Sal

1 kg de repolho (cerca de 1/2 cabeça média)

1 quilo de orecchiette ou cavatelli fresco

1. Em uma panela de tamanho médio, aqueça o óleo em fogo médio. Adicione a salsicha e cozinhe até dourar por todos os lados, cerca de 10 minutos.

descongelamento. Adicione os tomates e uma pitada de sal. Deixe ferver e cozinhe até o molho engrossar, cerca de 30 minutos.

3. Corte o miolo do repolho. Corte o repolho em tiras finas.

Quatro. Leve uma panela grande de água para ferver. Adicione o repolho e cozinhe por 1 minuto depois que a água voltar a ferver. Raspe o repolho com uma escumadeira. Seque bem. Reserve a água do cozimento.

5. Retire as linguiças para uma tábua e deixe o molho na panela. Adicione o repolho ao molho; cozinhe 15 minutos. Corte a linguiça em fatias finas.

6. Deixe a água ferver novamente e cozinhe o macarrão com sal a gosto. Escorra bem e misture com as salsichas e o molho. É servido quente.

Orecchiette com espadarte

orecchiette de espadarte

Rende de 4 a 6 porções

O peixe-espada pode ser substituído por atum ou tubarão se preferir. Salgar a berinjela remove um pouco do suco amargo e melhora a textura, embora muitos cozinheiros achem essa etapa desnecessária. Eu sempre dou sal, mas a escolha é sua. Berinjelas podem ser cozidas algumas horas antes da massa. Basta reaquecê-lo em uma assadeira em forno a 350 ° F por cerca de 10 minutos antes de servir. Essa massa siciliana é incomum na culinária italiana porque, embora o molho contenha peixe, é finalizado com queijo, o que aumenta a riqueza.

1 berinjela grande ou 2 pequenas (cerca de 1 1/2 libras)

Sal grosso

Milho ou outro óleo vegetal para fritar

3 colheres de sopa de azeite

1 dente grande de alho, bem picado

2 cebolas verdes, finamente picadas

8 onças de espadarte ou outro filé de peixe carnudo (cerca de 1/2 polegada de espessura), pele removida, cortada em pedaços de 1/2 polegada

pimenta preta moída na hora a gosto

2 colheres de sopa de vinagre de vinho branco

2 xícaras de tomates frescos descascados, sem sementes e finamente picados ou tomates italianos enlatados picados e picados com seu suco

1 colher de chá de folhas frescas de orégano picadas ou uma pitada de orégano seco

1 quilo de orecchiette ou cavatelli fresco

1/3 xícara de Pecorino Romano ralado na hora

1. Corte a berinjela em cubos de 1 polegada. Coloque os pedaços em uma peneira em uma travessa e polvilhe generosamente com sal. Deixe descansar por 30 minutos a 1 hora. Lave os

pedaços de berinjela rapidamente. Coloque os pedaços em papel toalha e torça até secar.

descongelamento. Em uma frigideira grande e funda em fogo médio, aqueça cerca de 1/2 polegada de óleo. Para testar o óleo, coloque cuidadosamente um pequeno pedaço de berinjela nele. Se estiver chiando e cozinhando rapidamente, adicione berinjela suficiente para fazer uma única camada. Não encha a bandeja. Cozinhe, mexendo ocasionalmente, até que as berinjelas fiquem crocantes e douradas, cerca de 5 minutos. Retire os pedaços com uma escumadeira. Escorra bem em papel de cozinha. Repita com as berinjelas restantes. Deixou de lado.

3.Em uma frigideira média em fogo médio, refogue o azeite com o alho e a cebolinha por 30 segundos. Adicione o peixe e polvilhe com sal e pimenta. Cozinhe, mexendo ocasionalmente, até que o peixe não esteja mais rosado, cerca de 5 minutos. Adicione o vinagre e cozinhe por 1 minuto. Adicione os tomates e o orégano. Leve ao fogo e cozinhe por 15 minutos ou até engrossar um pouco.

Quatro. Enquanto isso, leve uma panela grande de água fria para ferver. Adicione sal a gosto e o macarrão. Cozinhe, mexendo ocasionalmente, até ficar al dente, macio, mas firme ao morder. Seque bem.

5. Combine o macarrão, o molho e a berinjela em uma tigela grande e quente. Mexa bem. Adicione o queijo. Sirva quente.

Arroz, sorgo e outros grãos

Dos muitos tipos de grãos cultivados e usados em toda a Itália, o arroz e o fubá são os mais comuns. Farro, cuscuz e cevada são os favoritos da região, assim como os grãos de trigo.

O arroz foi trazido pela primeira vez para a Itália do Oriente Médio. Cresce particularmente bem no norte da Itália, especialmente nas regiões de Piemonte e Emilia-Romagna.

Os chefs italianos são muito específicos sobre o tipo de arroz de grão médio que preferem, embora as diferenças entre as variedades possam ser sutis. Muitos cozinheiros especificam uma variação para um risoto de frutos do mar e outra para um risoto de legumes. Muitas vezes as preferências são regionais ou simplesmente tradicionais, embora cada variedade tenha características específicas. O arroz Carnaroli mantém bem sua forma e dá um risoto levemente mais cremoso. O Vialone Nano cozinha mais rápido e tem um sabor mais suave. Arborio é o mais conhecido e amplamente disponível, mas o sabor é menos sutil. É melhor com risoto feito com ingredientes de sabor forte. Qualquer uma dessas três variedades pode ser usada para as receitas de risoto deste livro.

O milho é um cereal relativamente novo na Itália. Foi somente após a exploração européia do Novo Mundo que o milho chegou à Espanha e de lá se espalhou por todo o continente. O milho é fácil e barato de cultivar, por isso rapidamente se tornou amplamente plantado. A maior parte é cultivada para ração animal, mas o fubá, branco e amarelo, costuma ser usado para polenta. É raro encontrar espigas de milho consumidas na Itália, exceto em Nápoles, onde os vendedores às vezes vendem milho frito como comida de rua. Os romenos às vezes adicionam niblets de milho de uma lata a saladas, mas isso é uma raridade exótica.

Farro e grãos semelhantes ao trigo são mais comuns no centro e no sul da Itália, onde são cultivados. Farro, uma antiga variedade de trigo, é considerado um alimento saudável pelos italianos. É excelente em sopas, saladas e outros pratos.

A cevada é um grão antigo que cresce bem nas regiões mais frias do norte. Os romanos alimentavam seus exércitos com cevada e outros grãos. Foi cozido em um mingau ou sopa conhecido como pulso, provavelmente o precursor da polenta. Hoje, a cevada é encontrada principalmente no nordeste da Itália, perto da Áustria, cozida como risoto ou adicionada à sopa.

O cuscuz, feito de farinha de trigo duro enrolada em pequenas bolas, é típico do oeste da Sicília e é uma relíquia da dominação árabe na região séculos atrás. Geralmente é preparado com caldo de frutos do mar ou ensopado de carne.

ARROZ

O arroz é cultivado no norte da Itália, nas regiões de Piemonte e Emilia-Romagna, e é um alimento básico, muitas vezes consumido em vez de macarrão ou sopa como aperitivo. A maneira clássica de cozinhar o arroz é como risoto, que é a minha ideia do paraíso do arroz!

Se você nunca fez isso antes, a técnica do risoto pode parecer incomum. Nenhuma outra cultura cozinha o arroz como os italianos, embora a técnica seja semelhante ao pilaf, onde o arroz é refogado e depois fervido, e o líquido do cozimento é absorvido. A ideia é cozinhar o arroz para que solte o amido e forme um molho cremoso. O arroz pronto deve estar macio, mas firme ao morder, al dente. O feijão terá absorvido o sabor dos outros ingredientes e ficará envolto por um líquido cremoso. Para obter melhores resultados, o risoto deve ser consumido imediatamente após o cozimento, caso contrário, pode ficar seco e mole.

O risoto fica melhor quando preparado em casa. Poucos restaurantes podem gastar tanto tempo fazendo risoto, embora realmente não seja muito. Na verdade, muitas cozinhas de restaurantes cozinham parcialmente o arroz e depois o refrigeram. Quando se pede o risotto, aquece-se o arroz e junta-se o líquido com os ingredientes aromatizantes necessários para terminar a cozedura.

Depois de entender o procedimento, fazer risoto é bastante simples e pode ser adaptado a diversas combinações de ingredientes. O primeiro passo para fazer risoto é obter o tipo certo de arroz. O arroz de grão longo, comumente encontrado nos Estados Unidos, não é adequado para fazer risoto porque não possui o tipo certo de amido. O arroz de grão médio, geralmente vendido nas variedades Arborio, Carnaroli ou Vialone Nano, possui um tipo de amido que é liberado do grão quando cozido e misturado ao caldo ou outro líquido. O amido liga-se ao líquido e torna-se cremoso.

O arroz de grão médio importado da Itália está amplamente disponível nos supermercados. Também é cultivada nos EUA e agora é fácil de encontrar.

Você também precisa de uma boa sopa de frango, carne, peixe ou legumes. O caldo caseiro é o preferido, mas pode ser usado caldo enlatado (ou enlatado). Acho que o estoque comprado na loja é muito forte para usar direto do recipiente e geralmente o diluo com água. Lembre-se de que o caldo embalado, a menos que você esteja usando uma variedade com baixo teor de sódio, é rico em sal, portanto, ajuste o sal adicionado de acordo. Os cubos de caldo são muito salgados e com sabor artificial, então não os uso.

risoto branco

risoto de branco

Rende 4 porções

Este risoto branco simples é tão simples e satisfatório quanto o sorvete de baunilha. Sirva como aperitivo ou como acompanhamento de carne grelhada. Se você tiver uma trufa fresca, experimente raspá-la sobre o risoto pronto para dar um toque luxuoso. Neste caso, você deve remover o queijo.

4 xícaras caldo de carne OU Sopa de galinha

4 colheres de sopa de manteiga sem sal

1 colher de sopa de azeite

1/4 chávena de cebola ou cebola picada

1/2 xícara de arroz de grão médio, como Arborio, Carnaroli ou Vialone Nano

1 1/2 xícara de vinho branco seco ou espumante

Sal e pimenta-do-reino moída na hora

1/2 xícara de Parmigiano-Reggiano ralado

1. Prepare o caldo, se necessário. Deixe o caldo ferver em fogo médio e reduza o fogo para manter o caldo quente. Em uma frigideira grande e pesada, derreta 3 colheres de sopa de manteiga com o óleo em fogo médio. Adicione as chalotas e cozinhe até ficarem macias, mas não marrons, aprox. 5 minutos.

descongelamento. Adicione o arroz e mexa com uma colher de pau até aquecer, cerca de 2 minutos. Adicione o vinho e cozinhe, mexendo, até que a maior parte do líquido tenha evaporado.

3. Despeje 1/2 xícara de caldo sobre o arroz. Cozinhe, mexendo, até que a maior parte do líquido seja absorvida. Continue adicionando estoque por aprox. 1/2 xícara de cada vez, mexendo após cada adição. Ajuste o fogo para que o líquido ferva rapidamente, mas o arroz não grude na panela. Na metade do tempo de cozimento, adicione sal e pimenta a gosto.

Quatro. Use apenas o necessário até que o arroz esteja macio, mas firme ao morder e o risoto cremoso. Quando achar que está pronto, experimente um pouco de cereal. Se você não estiver pronto, tente o teste novamente em cerca de um minuto. Se o caldo acabar antes do arroz ficar macio, use água quente. O tempo de cozimento será de 18 a 20 minutos.

5. Retire a panela de risoto do fogo. Misture com a colher de sopa restante de manteiga e queijo até derreter e ficar cremoso. Sirva imediatamente.

Risoto de açafrão à milanesa

risoto milanês

Rende de 4 a 6 porções

Risoto aromatizado com açafrão dourado é o clássico acompanhamento milanês para Osso Buco (ver<u>Perna de vitela à Milano</u>). Adicionar tutano de grandes ossos de boi ao risoto dá um sabor rico e carnudo e é tradicional, mas o risoto pode ser feito sem ele.

6 xícaras<u>Sopa de galinha</u>OU<u>caldo de carne</u>

1⁄2 colher de chá de fios de açafrão picados

4 colheres de sopa de manteiga sem sal

2 colheres de sopa de abobrinha (opcional)

2 colheres de sopa de azeite

1 cebola pequena, bem picada

2 xícaras (cerca de 1 quilo) de arroz de grão médio, como Arborio, Carnaroli ou Vialone Nano

Sal e pimenta-do-reino moída na hora

1/2 xícara de Parmigiano-Reggiano ralado

1. Prepare o caldo, se necessário. Deixe o caldo ferver em fogo médio e reduza o fogo para manter o caldo quente. Retire 1/2 xícara de caldo e coloque em uma tigela pequena. Adicione o açafrão e deixe infundir.

descongelamento. Em uma panela grande e pesada, aqueça 2 colheres de sopa de manteiga, tutano se estiver usando e óleo em fogo médio. Quando a manteiga derreter, adicione a cebola e cozinhe, mexendo sempre, até dourar, cerca de 10 minutos.

3. Adicione o arroz e cozinhe, mexendo com uma colher de pau, até aquecer, cerca de 2 minutos. Adicione 1/2 xícara de caldo quente e mexa até que o líquido seja absorvido. Continue adicionando 1/2 xícara de cada vez, mexendo após cada adição. Ajuste o fogo para que o líquido ferva rapidamente, mas o arroz não grude na panela. Na metade do tempo de cozimento, adicione a mistura de açafrão e sal e pimenta a gosto.

Quatro. Use apenas o caldo necessário até que o arroz esteja macio, mas firme ao morder. Quando achar que está pronto, experimente um pouco de cereal. Se você não estiver pronto, tente o teste novamente em cerca de um minuto. Se o caldo acabar antes do arroz ficar macio, use água quente. O tempo de cozimento será de 18 a 20 minutos.

5.Retire a panela de risoto do fogo e misture as 2 colheres de sopa restantes de manteiga e o queijo até derreter e ficar cremoso. Sirva imediatamente.

risoto com aspargos

Risoto com aspargos

Rende 6 porções

A região de Veneto é famosa por seus belos aspargos brancos com pontas de lavanda. Para obter a cor delicada, o aspargo é mantido coberto enquanto cresce, para que não fique exposto à luz solar e não forme clorofila. O aspargo branco tem sabor delicado e é mais macio que o verde. O aspargo branco é ideal para esse risoto, mas você pode fazer com o verde comum e o sabor fica incrível.

  5 xícaras <u>Sopa de galinha</u>

1 quilo de aspargos frescos picados

4 colheres de sopa de manteiga sem sal

1 cebola pequena, bem picada

2 xícaras de arroz de grão médio como Arborio, Carnaroli ou Vialone Nano

1 1/2 xícara de vinho branco seco

Sal e pimenta-do-reino moída na hora

3/4 xícara de Parmigiano-Reggiano ralado

1. Prepare o caldo, se necessário. Deixe o caldo ferver em fogo médio e reduza o fogo para manter o caldo quente. Corte as pontas dos aspargos e reserve. Corte os caules em fatias de 1/2 polegada.

descongelamento. Derreta 3 colheres de sopa de manteiga em uma panela grande e pesada. Adicione as cebolas e cozinhe em fogo médio, mexendo ocasionalmente, até ficar bem macio e dourado, cerca de 10 minutos.

3. Adicione os talos de aspargos. Cozinhe, mexendo de vez em quando, por 5 minutos.

Quatro. Adicione o arroz e cozinhe, mexendo com uma colher de pau, até aquecer, cerca de 2 minutos. Adicione o vinho e cozinhe, mexendo sempre, até que o líquido evapore. Despeje 1/2 xícara de caldo sobre o arroz. Cozinhe, mexendo, até que a maior parte do líquido seja absorvida.

5. Continue adicionando estoque por aprox. 1/2 xícara de cada vez, mexendo após cada adição. Ajuste o fogo para que o

líquido ferva rapidamente, mas o arroz não grude na panela. Após cerca de 10 minutos, adicione as pontas dos espargos. Tempere com sal e pimenta. Use apenas o necessário até que o arroz esteja macio, mas firme ao morder e o risoto cremoso. Quando achar que está pronto, experimente um pouco de cereal. Se você não estiver pronto, tente o teste novamente em cerca de um minuto. Se o caldo acabar antes do arroz ficar macio, use água quente. O tempo de cozimento será de 18 a 20 minutos.

6. Retire a panela de risoto do fogo. Adicione o queijo e a colher de sopa restante de manteiga. Gosto de especiarias. Sirva imediatamente.

Risoto com pimenta vermelha

Risoto com Pepperoni Rossi

Rende 6 porções

No auge da estação, quando os pimentões vermelhos brilhantes ficam altos na horta, sou inspirado a usá-los de várias maneiras. Seu sabor doce e suave e sua cor bonita tornam tudo, desde tortilhas a massas, sopas, saladas e ensopados mais saborosos. Esta não é uma receita tradicional, mas surgiu-me um dia enquanto procurava uma nova forma de aproveitar alguns pimentos vermelhos. Pimentões amarelos ou laranja também seriam bons nesta receita.

    5 xícaras<u>Sopa de galinha</u>

3 colheres de sopa de manteiga sem sal

1 colher de sopa de azeite

1 cebola pequena, bem picada

2 pimentões vermelhos, sem sementes e finamente picados

2 xícaras de arroz de grão médio como Arborio, Carnaroli ou Vialone Nano

Sal e pimenta-do-reino moída na hora

1/2 xícara de Parmigiano-Reggiano ralado

1. Prepare o caldo, se necessário. Deixe o caldo ferver em fogo médio e reduza o fogo para manter o caldo quente. Em uma panela grande e pesada, aqueça 2 colheres de sopa de manteiga e o óleo em fogo médio. Quando a manteiga derreter, adicione a cebola e cozinhe, mexendo sempre, até dourar, cerca de 10 minutos. Adicione os pimentões e cozinhe por mais 10 minutos.

descongelamento. Adicione o arroz e mexa com uma colher de pau até aquecer, cerca de 2 minutos. Adicione 1/2 xícara de caldo quente e mexa até que o líquido seja absorvido. Continue adicionando 1/2 xícara de cada vez, mexendo após cada adição. Ajuste o fogo para que o líquido ferva rapidamente, mas o arroz não grude na panela. Na metade do cozimento, adicione sal e pimenta a gosto.

3. Use apenas o necessário até que o arroz esteja macio, mas firme ao morder e o risoto cremoso. Quando achar que está pronto, experimente um pouco de cereal. Se você não estiver pronto, tente o teste novamente em cerca de um minuto. Se o líquido escorrer antes do cozimento do arroz, finalize o cozimento com água quente. O tempo de cozimento será de 18 a 20 minutos.

Quatro. Retire a panela de risoto do fogo. Adicione a colher de sopa restante de manteiga e queijo até derreter e ficar cremoso. Gosto de especiarias. Sirva imediatamente.

Risoto com tomate e rúcula

Risoto com tomate e rúcula

Rende 6 porções

Tomates frescos, manjericão e rúcula fazem desse risoto a essência do verão. Gosto de servi-lo com um vinho branco gelado, como o Furore de Campania da produtora Matilde Cuomo.

5 xícaras <u>Sopa de galinha</u>

1 maço grande de rúcula, cortada e lavada

3 colheres de sopa de azeite

1 cebola pequena, bem picada

2 kg de tomates maduros sem pele, sem sementes e picados

2 xícaras de arroz de grão médio como Arborio, Carnaroli ou Vialone Nano

Sal e pimenta-do-reino moída na hora

$1/2$ xícara de Parmigiano-Reggiano ralado

2 colheres de sopa de manjericão fresco picado

1 colher de sopa de azeite extra virgem

1. Prepare o caldo, se necessário. Deixe o caldo ferver em fogo médio e reduza o fogo para manter o caldo quente. Corte as folhas de rúcula em pedaços pequenos. Você deve beber cerca de 2 xícaras.

descongelamento. Despeje o óleo em uma panela larga e pesada. Adicione a cebola e cozinhe em fogo médio, mexendo de vez em quando com uma colher de pau, até a cebola ficar bem macia e dourada, cerca de 10 minutos.

3. Adicione os tomates. Cozinhe, mexendo ocasionalmente, até que a maior parte do suco tenha evaporado, cerca de 10 minutos.

Quatro. Adicione o arroz e cozinhe, mexendo com uma colher de pau, até aquecer, cerca de 2 minutos. Despeje 1/2 xícara de caldo sobre o arroz. Cozinhe e mexa até que a maior parte do líquido seja absorvida.

5. Continue adicionando estoque por aprox. 1/2 xícara de cada vez, mexendo após cada adição. Ajuste o fogo para que o

líquido ferva rapidamente, mas o arroz não grude na panela. A meio da cozedura, tempere com sal e pimenta. Use apenas o necessário até que o arroz esteja macio, mas firme ao morder e o risoto cremoso. Quando achar que está pronto, experimente um pouco de cereal. Se você não estiver pronto, tente o teste novamente em cerca de um minuto. Se o caldo acabar antes do arroz ficar macio, use água quente. O tempo de cozimento será de 18 a 20 minutos.

6. Retire a panela de risoto do fogo. Adicione o queijo, o manjericão e uma colher de azeite extra virgem. Gosto de especiarias. Adicione a rúcula e sirva imediatamente.

Risoto com vinho tinto e radicchio

Risoto com radicchio

Rende 6 porções

Radicchio, um membro da família da chicória, é cultivado em Veneto. Tal como as endívias, com as quais está relacionada, a chicória tem um sabor ligeiramente amargo mas doce. Embora pensemos nisso principalmente como uma adição colorida a uma tigela de salada, os italianos costumam cozinhar radicchio. Pode ser fatiado e grelhado, ou as folhas podem ser enroladas em um recheio e assadas como entrada. A cor vibrante da Borgonha torna-se marrom mogno escuro quando cozida. Comi este risoto no Il Cenacolo, um restaurante em Verona que oferece receitas tradicionais.

5 xícaras<u>Sopa de galinha</u>OU<u>caldo de carne</u>

1 radicchio médio (cerca de 12 onças)

2 colheres de sopa de azeite

2 colheres de sopa de manteiga sem sal

1 cebola pequena, bem picada

1 1/2 xícara de vinho tinto seco

2 xícaras de arroz de grão médio como Arborio, Carnaroli ou Vialone Nano

Sal e pimenta-do-reino moída na hora

1/2 xícara de Parmigiano-Reggiano ralado

1. Prepare o caldo, se necessário. Deixe o caldo ferver em fogo médio e reduza o fogo para manter o caldo quente. Apare o radicchio e corte em fatias de 1/2 polegada de espessura. Corte as fatias em pedaços de 1 polegada.

descongelamento. Em uma frigideira grande e pesada, aqueça o óleo com 1 colher de sopa de manteiga em fogo médio. Quando a manteiga derreter, acrescente a cebola e refogue, mexendo de vez em quando, até a cebola ficar bem macia, cerca de 10 minutos.

3. Aumente o fogo para médio, adicione o radicchio e cozinhe até ficar macio, cerca de 10 minutos.

Quatro. Adicione o arroz. Adicione o vinho e cozinhe, mexendo, até que a maior parte do líquido seja absorvida. Despeje 1/2 xícara de caldo sobre o arroz. Cozinhe e mexa até que a maior parte do líquido seja absorvida.

5. Continue adicionando estoque por aprox. 1/2 xícara de cada vez, mexendo após cada adição. Ajuste o fogo para que o líquido ferva rapidamente, mas o arroz não grude na panela. A meio da cozedura, tempere com sal e pimenta. Use apenas o necessário até que o arroz esteja macio, mas firme ao morder e o risoto cremoso. Quando achar que está pronto, experimente um pouco de cereal. Se você não estiver pronto, tente o teste novamente em cerca de um minuto. Se o caldo acabar antes do arroz ficar macio, use água quente. O tempo de cozimento será de 18 a 20 minutos.

6. Retire a panela do fogo e adicione a colher de sopa restante de manteiga e queijo. Gosto de especiarias. Sirva imediatamente.

Risoto com couve-flor cremosa

Risoto Cavolfiore

Rende 6 porções

Em Parma você pode não ter entrada ou prato principal, mas nunca vai ficar sem risoto ou massa; eles são sempre incrivelmente bons. Esta é a minha versão de um risoto que comi há alguns anos no La Filoma, uma excelente trattoria.

A primeira vez que fiz este risoto, tinha à mão um tubo de pasta de trufa branca e acrescentei um pouco no final da cozedura. O sabor era sensacional. Experimente se encontrar pasta de trufas.

4 xícaras <u>Sopa de galinha</u>

4 xícaras de couve-flor, cortadas em florzinhas de 1/2 polegada

1 dente de alho, finamente picado

11/2 dl de leite

Sal

4 colheres de sopa de manteiga sem sal

1 1/4 xícara de cebola bem picada

2 xícaras de arroz de grão médio como Arborio, Carnaroli ou Vialone Nano

pimenta preta moída na hora

3/4 xícara de Parmigiano-Reggiano ralado

1. Prepare o caldo, se necessário. Deixe o caldo ferver em fogo médio e reduza o fogo para manter o caldo quente. Em uma panela média, misture a couve-flor, o alho, o leite e uma pitada de sal. Leve para ferver. Cozinhe até que a maior parte do líquido tenha evaporado e a couve-flor esteja macia, cerca de 10 minutos. Mantenha o fogo bem baixo e mexa a mistura de vez em quando para não queimar.

descongelamento. Em uma frigideira grande e pesada, aqueça o óleo com 2 colheres de sopa de manteiga em fogo médio. Quando a manteiga derreter, acrescente a cebola e refogue, mexendo de vez em quando, até a cebola ficar bem macia e dourada, cerca de 10 minutos.

3. Adicione o arroz e cozinhe, mexendo com uma colher de pau, até aquecer, cerca de 2 minutos. Despeje cerca de 1/2 xícara

de caldo. Cozinhe e mexa até que a maior parte do líquido seja absorvida.

Quatro. Continue adicionando 1/2 xícara de caldo de cada vez, mexendo sempre, até que seja absorvido. Ajuste o fogo para que o líquido ferva rapidamente, mas o arroz não grude na panela. A meio da cozedura, tempere com sal e pimenta.

5.Quando o arroz estiver quase pronto, adicione a mistura de couve-flor. Use apenas o necessário até que o arroz esteja macio, mas firme ao morder e o risoto cremoso. Quando achar que está pronto, experimente um pouco de cereal. Se você não estiver pronto, tente o teste novamente em cerca de um minuto. Se o caldo acabar antes do arroz ficar macio, use água quente. O tempo de cozimento será de 18 a 20 minutos.

6.Retire a panela do fogo e tempere com os temperos. Adicione as 2 colheres de sopa restantes de manteiga e queijo. Sirva imediatamente.

risoto de limão

Risoto com Limão

Rende 6 porções

O sabor vivo das raspas e do suco de limão fresco ilumina este risoto que comemos em Capri. Embora os italianos não o façam com muita frequência, gosto de o servir como acompanhamento de vieiras salteadas ou peixe grelhado.

5 xícaras <u>Sopa de galinha</u>

4 colheres de sopa de manteiga sem sal

1 cebola pequena, bem picada

2 xícaras de arroz de grão médio como Arborio, Carnaroli ou Vialone Nano

Sal e pimenta-do-reino moída na hora

1 colher de sopa de suco de limão fresco

1 colher de chá de casca de limão

1/2 xícara de Parmigiano-Reggiano ralado

1.Prepare o caldo, se necessário. Deixe o caldo ferver em fogo médio e reduza o fogo para manter o caldo quente. Em uma panela grande e pesada, derreta 2 colheres de sopa de manteiga em fogo médio. Adicione as cebolas e cozinhe, mexendo ocasionalmente, até dourar, cerca de 10 minutos.

descongelamento. Adicione o arroz e mexa com uma colher de pau até aquecer, cerca de 2 minutos. Adicione 1/2 xícara de caldo quente e mexa até que o líquido seja absorvido.

3.Continue adicionando 1/2 xícara de cada vez, mexendo após cada adição. Ajuste o fogo para que o líquido ferva rapidamente, mas o arroz não grude na panela. A meio da cozedura, tempere com sal e pimenta.

Quatro. Use apenas o necessário até que o arroz esteja macio, mas firme ao morder e o risoto cremoso. Quando achar que está pronto, experimente um pouco de cereal. Se você não estiver pronto, tente o teste novamente em cerca de um minuto. Se o caldo acabar antes do arroz ficar macio, use água quente. O tempo de cozimento será de 18 a 20 minutos.

5.Retire a panela de risoto do fogo. Adicione o suco e as raspas de limão, as 2 colheres de sopa restantes de manteiga e queijo. Misture até que a manteiga e o queijo estejam derretidos e cremosos. Gosto de especiarias. Sirva imediatamente.

risoto de espinafre

risoto de espinafre

Rende 6 porções

Se tiver manjericão fresco, coloque-o no lugar da salsinha. Outros vegetais podem ser usados no lugar do espinafre, como acelga ou escarola.

5 xícaras <u>Sopa de galinha</u>

1 quilo de espinafre fresco, lavado e escorrido

1 1/4 xícara de água

Sal

4 colheres de sopa de manteiga sem sal

1 cebola média, finamente picada

2 xícaras (cerca de 1 quilo) de arroz de grão médio, como Arborio, Carnaroli ou Vialone Nano

pimenta preta moída na hora

1 1/4 xícara de salsa fresca picada

1/2 xícara de Parmigiano-Reggiano ralado

1. Prepare o caldo, se necessário. Deixe o caldo ferver em fogo médio e reduza o fogo para manter o caldo quente. Em uma panela grande, misture o espinafre, água e sal a gosto. Cubra e deixe ferver. Cozinhe até o espinafre ficar macio, cerca de 3 minutos. Escorra o espinafre e esprema delicadamente para extrair o suco. Pique finamente o espinafre.

descongelamento. Em uma frigideira grande e pesada, aqueça 3 colheres de sopa de manteiga em fogo médio. Quando a manteiga derreter, adicione a cebola e cozinhe, mexendo sempre, até dourar, cerca de 10 minutos.

3. Adicione o arroz às cebolas e cozinhe, mexendo com uma colher de pau, até aquecer, cerca de 2 minutos. Adicione 1/2 xícara de caldo quente e mexa até que o líquido seja absorvido. Continue adicionando 1/2 xícara de cada vez, mexendo após cada adição. Ajuste o fogo para que o líquido ferva rapidamente, mas o arroz não grude na panela. A meio da cozedura, adicione o espinafre e sal e pimenta a gosto.

Quatro. Use apenas o necessário até que o arroz esteja macio, mas firme ao morder e o risoto cremoso. Quando achar que está pronto, experimente um pouco de cereal. Se você não estiver pronto, tente o teste novamente em cerca de um minuto. Se o caldo acabar antes do arroz ficar macio, use água quente. O tempo de cozimento será de 18 a 20 minutos.

5. Retire a panela de risoto do fogo. Adicione a manteiga restante e o queijo. Sirva imediatamente.

risoto com abóbora dourada

Risoto com Zucca d'Oro

Rende de 4 a 6 porções

Nos mercados verdes italianos, os cozinheiros podem comprar grandes pedaços de abóbora para fazer risoto. A abóbora está mais próxima do sabor doce e da textura amanteigada das variedades italianas. Este risoto é uma especialidade de Mântua na Lombardia.

   5 xícaras <u>Sopa de galinha</u>

4 colheres de sopa de manteiga sem sal

1/4 chávena de cebola ou cebola picadinha

2 xícaras de abóbora, descascada e picada (cerca de 1 libra)

2 xícaras de arroz de grão médio como Arborio, Carnaroli ou Vialone Nano

1 1/2 xícara de vinho branco seco

Sal e pimenta-do-reino moída na hora

1/2 xícara de Parmigiano-Reggiano ralado

1. Prepare o caldo, se necessário. Deixe o caldo ferver em fogo médio e reduza o fogo para manter o caldo quente. Em uma panela grande e pesada, derreta três colheres de sopa de manteiga em fogo médio. Adicione as chalotas e cozinhe, mexendo sempre, até dourar, cerca de 5 minutos.

descongelamento. Adicione a abóbora e 1/2 xícara de caldo. Cozinhe até que o caldo evapore.

3. Adicione o arroz e cozinhe, mexendo com uma colher de pau, até aquecer, cerca de 2 minutos. Adicione o vinho até evaporar.

Quatro. Adicione 1/2 xícara de caldo quente e mexa até que o líquido seja absorvido. Continue adicionando 1/2 xícara de cada vez, mexendo após cada adição. Ajuste o fogo para que o líquido ferva rapidamente, mas o arroz não grude na panela. Adicione sal e pimenta a gosto na metade do preparo.

5. Use apenas o necessário até que o arroz esteja macio, mas firme ao morder e o risoto cremoso. Quando achar que está pronto, experimente um pouco de cereal. Se você não estiver pronto, tente o teste novamente em cerca de um minuto. Se o

caldo acabar antes do arroz ficar macio, use água quente. O tempo de cozimento será de 18 a 20 minutos.

6. Retire a panela de risoto do fogo. Adicione a manteiga restante e o queijo. Sirva imediatamente.

risoto de ervilha veneziana

Risi e Bisi

Rende 6 porções

Em Veneza, este risoto é comido para celebrar a chegada da primavera e os primeiros legumes frescos da estação. Os venezianos gostam do risoto bem grosso, então adicione uma colher de sopa extra de caldo ou água ao risoto pronto se estiver procurando por autenticidade.

6 xícaras <u>Sopa de galinha</u>

1 cebola amarela média, finamente picada

4 colheres de sopa de azeite

2 xícaras de arroz de grão médio como Arborio, Carnaroli ou Vialone Nano

Sal e pimenta-do-reino moída na hora

2 xícaras de ervilhas sem casca ou ervilhas congeladas, parcialmente descongeladas

2 colheres de sopa de salsa de folha plana finamente picada

1/2 xícara de Parmigiano-Reggiano ralado

2 colheres de sopa de manteiga sem sal

1. Prepare o caldo, se necessário. Deixe o caldo ferver em fogo médio e reduza o fogo para manter o caldo quente. Despeje o óleo em uma panela larga e pesada. Adicione a cebola e cozinhe em fogo médio até que a cebola esteja macia e dourada, cerca de 10 minutos.

descongelamento. Adicione o arroz e cozinhe, mexendo com uma colher de pau, até aquecer, cerca de 2 minutos. Adicione aprox. 1/2 xícara de caldo quente e mexa até ser absorvido. Continue adicionando 1/2 xícara de cada vez, mexendo após cada adição. Ajuste o fogo para que o líquido ferva rapidamente, mas o arroz não grude na panela. Adicione sal e pimenta a gosto na metade do preparo.

3. Adicione as ervilhas e a salsa. Continue a adicionar o líquido e misture. O arroz deve ficar macio, mas firme ao morder, e o risoto deve ter uma consistência leve e um tanto espessa. Use água quente se ficar sem caldo. O tempo de cozimento será de 18 a 20 minutos.

Quatro. Quando o arroz estiver macio, mas ainda firme, retire a panela do fogo. Adicione o queijo e a manteiga e misture bem. Sirva imediatamente.

Risoto Primavera

Risoto Primavera

Rende de 4 a 6 porções

Pequenos pedaços de vegetais coloridos adornam este risoto brilhante e saboroso. Os vegetais são adicionados aos poucos para que não fiquem cozidos demais.

6 xícaras de caldo de legumes ou água

3 colheres de sopa de manteiga sem sal

1 colher de sopa de azeite

1 cebola média, finamente picada

1 cenoura pequena, picada

1 talo de aipo pequeno, picado

2 xícaras de arroz de grão médio como Arborio, Carnaroli ou Vialone Nano

1 1/2 xícara de ervilhas frescas ou congeladas

1 xícara de cogumelos fatiados, qualquer tipo

6 lanças de aspargos, aparadas e cortadas em pedaços de 1/2 polegada

Sal e pimenta-do-reino moída na hora

1 tomate grande, sem sementes e em cubos

2 colheres de sopa de salsinha fresca bem picada

1/2 xícara de Parmigiano-Reggiano ralado

1. Prepare o caldo, se necessário. Deixe o caldo ferver em fogo médio e reduza o fogo para manter o caldo quente. Em uma frigideira grande e pesada, misture 2 colheres de sopa de manteiga e o óleo em fogo médio. Quando a manteiga derreter, adicione a cebola e frite até dourar, cerca de 10 minutos.

descongelamento. Adicione a cenoura e o aipo e cozinhe por 2 minutos. Mexa o arroz até ficar bem coberto.

3. Adicione 1/2 xícara de caldo e cozinhe, mexendo sempre com uma colher de pau, até que o líquido seja absorvido. Continue adicionando 1/2 xícara de caldo de cada vez, mexendo após

cada adição por 10 minutos. Ajuste o fogo para que o líquido ferva rapidamente, mas o arroz não grude na panela.

Quatro. Adicione as ervilhas, os cogumelos e metade dos espargos. Adicione sal e pimenta a gosto. Continue a adicionar o caldo e mexa por mais 10 minutos. Adicione os aspargos restantes e os tomates. Adicione o caldo e mexa até o arroz ficar firme mas macio e o risoto cremoso. Quando achar que está pronto, experimente um pouco de cereal. Se você não estiver pronto, tente o teste novamente em cerca de um minuto.

5.Retire a panela de risoto do fogo. Gosto de especiarias. Adicione a salsa e a manteiga restante. Adicione o queijo. Sirva imediatamente.

Risoto com tomate e fontina

Risoto com Pomodori e Fontina

Rende 6 porções

A autêntica fontina Valle d'Aosta tem um sabor pronunciado que é de nozes, frutado e terroso, ao contrário da fontina feita em outros lugares. Vale a pena conhecer este risoto do noroeste da Itália. Este prato combinaria bem com um vinho branco floral como o Arneis, da região vizinha do Piemonte.

5 xícaras <u>Sopa de galinha</u>

3 colheres de sopa de manteiga sem sal

1 cebola média, finamente picada

1 xícara de tomate pelado, sem caroço e picado

2 xícaras de arroz de grão médio como Arborio, Carnaroli ou Vialone Nano

1 1/2 xícara de vinho branco seco

Sal e pimenta-do-reino moída na hora

4 onças Fontina Valle d'Aosta, ralado

1/2 xícara de Parmigiano-Reggiano ralado

1. Prepare o caldo, se necessário. Deixe o caldo ferver em fogo médio e reduza o fogo para manter o caldo quente. Derreta a manteiga em uma panela grande e pesada em fogo médio. Adicione a cebola e cozinhe, mexendo ocasionalmente, até a cebola ficar macia e dourada, cerca de 10 minutos.

descongelamento. Adicione os tomates. Cozinhe até que a maior parte do líquido tenha evaporado, cerca de 10 minutos.

3. Adicione o arroz e cozinhe, mexendo com uma colher de pau, até aquecer, cerca de 2 minutos. Despeje o vinho e 1/2 xícara de caldo sobre o arroz. Cozinhe e mexa até que a maior parte do líquido seja absorvida.

Quatro. Continue adicionando estoque por aprox. 1/2 xícara de cada vez, mexendo após cada adição. Ajuste o fogo para que o líquido ferva rapidamente, mas o arroz não grude na panela. A meio da cozedura, tempere com sal e pimenta.

5. Use apenas o necessário até que o arroz esteja macio, mas firme ao morder e o risoto cremoso. Quando achar que está

pronto, experimente um pouco de cereal. Se você não estiver pronto, tente o teste novamente em cerca de um minuto. Se o caldo acabar antes do arroz ficar macio, use água quente. O tempo de preparo é de 18 a 20 minutos.

6. Retire a panela de risoto do fogo. Adicione os queijos. Gosto de especiarias. Sirva imediatamente.

Risoto de camarão e aipo

Risoto com Gamberi e Sedano

Rende 6 porções

Muitas receitas italianas são aromatizadas com soffritto, uma combinação de óleo ou manteiga, ou às vezes ambos, e vegetais saborosos, que podem incluir, entre outros, cebola, aipo, cenoura, alho e, às vezes, ervas. Carne de porco salgada ou pancetta às vezes é adicionada a um soffritto para dar um sabor carnudo.

Como a maioria dos cozinheiros italianos que conheço, prefiro colocar os ingredientes do soffritto na panela todos de uma vez e depois ligar o fogo para que tudo esquente e cozinhe delicadamente, para que eu possa controlar melhor os resultados. Mexa o soffritto com frequência, às vezes cozinhando até que os vegetais estejam macios para obter um sabor leve ou dourados para obter mais profundidade. Se, em vez disso, você aquecer primeiro o óleo ou a manteiga, a gordura pode ficar muito quente se a panela for fina, o fogo estiver muito alto ou você estiver momentaneamente distraído. Portanto, quando os outros sabores de soffritto são adicionados, eles douram muito rápido e de maneira desigual.

O soffritto desta receita da Emilia-Romagna é feito em duas etapas. Comece apenas com o azeite e a cebola, porque quero que a cebola solte o sabor no azeite e desbote um pouco no fundo. A segunda etapa envolve cozinhar o aipo, a salsa e o alho para que o aipo fique levemente crocante, mas libere seu sabor e crie outra camada de sabor com a salsa e o alho.

Se comprar camarão com casca, guarde-o para fazer um saboroso caldo de camarão. Se você estiver com pressa, pode comprar camarão sem casca e usar apenas caldo de galinha ou peixe, ou mesmo água.

6 copos caseiros <u>Sopa de galinha</u> ou comprou caldo de peixe

1 quilo de camarões médios

1 cebola pequena, bem picada

2 colheres de sopa de azeite

1 xícara de aipo finamente picado

2 dentes de alho, bem picados

2 colheres de sopa de salsa fresca picada

2 xícaras de arroz de grão médio como Arborio, Carnaroli ou Vialone Nano

Sal e pimenta-do-reino moída na hora a gosto.

1 colher de sopa de manteiga sem sal ou azeite extra virgem

1. Prepare o caldo, se necessário. Em seguida, limpe e retire os camarões, mantendo as cascas. Corte o camarão em pedaços de 1/2 polegada e reserve. Coloque as cascas em uma panela grande com o caldo. Deixe ferver e cozinhe por 10 minutos. Coe o caldo e descarte a pele. Retorne o caldo para a panela e leve ao fogo bem baixinho.

descongelamento. Em uma panela grande e pesada, refogue a cebola no óleo em fogo médio, mexendo sempre, por cerca de 5 minutos. Adicione o aipo, alho e salsa e cozinhe por mais 5 minutos.

3. Adicione o arroz aos legumes e misture bem. Adicione 1/2 xícara de caldo e cozinhe, mexendo, até que o líquido seja absorvido. Continue adicionando 1/2 xícara de cada vez, mexendo após cada adição. Ajuste o fogo para que o líquido ferva rapidamente, mas o arroz não grude na panela.

Quatro. Quando o arroz estiver quase pronto, acrescente os camarões e sal e pimenta a gosto. Use apenas o necessário até que o arroz esteja macio, mas firme ao morder e o risoto esteja úmido e cremoso. Quando achar que está pronto, experimente um pouco de cereal. Se você não estiver pronto, tente o teste novamente em cerca de um minuto. Se o caldo acabar antes do arroz ficar macio, use água quente. O tempo de preparo é de 18 a 20 minutos.

5.Retire o risoto do fogo. Adicione a manteiga ou óleo e misture até ficar homogêneo. Sirva imediatamente.

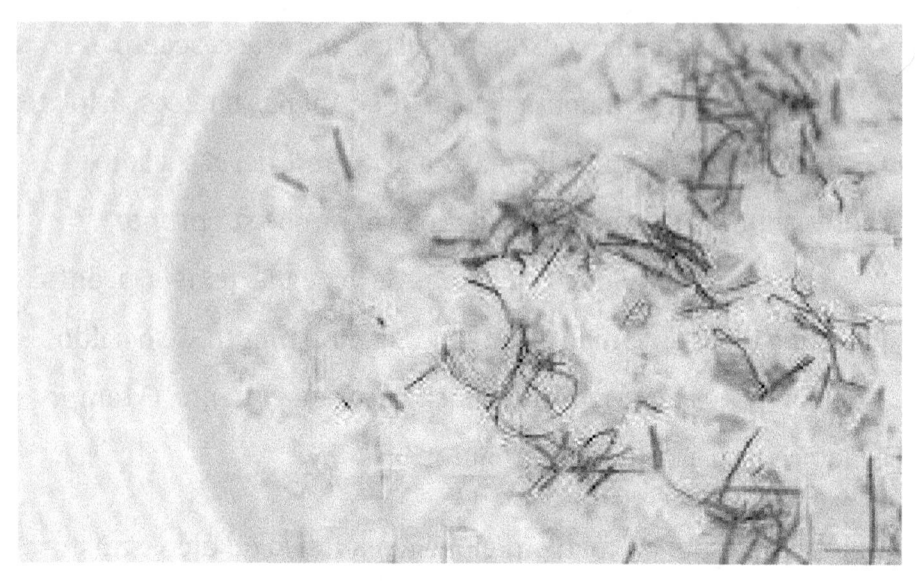

Risoto com "frutos do mar"

Risoto com Frutos do Mar

Rende de 4 a 6 porções

A este risotto podem juntar-se pequenas amêijoas ou vieiras, ou mesmo pedaços de peixe firme como o atum. Os cozinheiros do Veneto, de onde vem esta receita, preferem a variedade de arroz Vialone Nano.

6 xícaras <u>Sopa de galinha</u> ou água

6 colheres de sopa de azeite

2 colheres de sopa de salsa fresca picada

2 dentes grandes de alho picados finamente

1/2 libra lula (lula), cortada em anéis de 1/2 polegada e tentáculos cortados ao meio na parte inferior (consulte <u>Polvo de limpeza (polvo)</u>)

1/4 libra de camarão, limpo e enxuto e cortado em pedaços de 1/2 polegada

1 Vieiras de /4 libra, cortadas em pedaços de 1/2 polegada

Sal

pimenta vermelha moída em pó

1 cebola média, finamente picada

2 xícaras de arroz de grão médio como Arborio, Carnaroli ou Vialone Nano

1 1/2 xícara de vinho branco seco

1 xícara de tomate pelado, sem caroço e picado

1. Prepare o caldo, se necessário. Coloque 3 colheres de óleo com alho e salsa em uma panela larga e grossa. Cozinhe em fogo médio, mexendo ocasionalmente, até o alho ficar macio e dourado, cerca de 2 minutos. Adicione todos os frutos do mar, sal a gosto e pimenta vermelha e cozinhe, mexendo, até a lula ficar opaca, cerca de 5 minutos.

descongelamento. Retire o marisco para um prato com uma colher. Adicione o caldo de galinha à panela e deixe ferver. Mantenha o caldo em fogo bem baixo enquanto cozinha o risoto.

3. Em uma panela grande e pesada em fogo médio, cozinhe a cebola nas 3 colheres de sopa restantes de óleo até dourar, cerca de 10 minutos.

Quatro. Adicione o arroz e cozinhe, mexendo com uma colher de pau, até aquecer, cerca de 2 minutos. Adicione o vinho. Cozinhe até que a maior parte do líquido seja absorvida. Adicione 1/2 xícara de caldo quente e mexa até que o líquido seja absorvido. Continue adicionando 1/2 xícara de cada vez, mexendo após cada adição. Ajuste o fogo para que o líquido ferva rapidamente, mas o arroz não grude na panela. Na metade do cozimento, acrescente os tomates e sal a gosto.

5. Use apenas o necessário até que o arroz esteja macio, mas firme ao morder e o risoto cremoso. Quando achar que está pronto, experimente um pouco de cereal. Se você não estiver pronto, tente o teste novamente em cerca de um minuto. Se o caldo acabar antes do arroz ficar macio, use água quente. O tempo de preparo é de 18 a 20 minutos.

6. Adicione o marisco à panela e cozinhe por mais 1 minuto. Retire a panela de risoto do fogo. Sirva imediatamente.

Borrego assado com batatas, alho e alecrim

Agnello al Forno

Rende 6 porções

Os italianos serviriam este cordeiro bem passado, mas acho que tem um gosto melhor quando mal passado, que é cerca de 130 ° F em um termômetro instantâneo. Deixe o cordeiro descansar após assar para que os sucos possam escorrer de volta para o centro da carne.

6 batatas para todos os fins, descascadas e cortadas em pedaços de 1 polegada

3 colheres de sopa de azeite

Sal e pimenta-do-reino moída na hora

1 perna de cordeiro desossada, aparada (cerca de 5 1/2 libras)

6 dentes de alho, finamente picados

2 colheres de sopa de alecrim fresco picado

1. Coloque uma grade no meio do forno. Pré-aqueça o forno a 350 ° F. Coloque as batatas em uma assadeira grande o

suficiente para acomodar a carne e as batatas sem amontoar. Misture com azeite, sal e pimenta a gosto.

descongelamento. Faça pequenos cortes em todo o cordeiro com uma faca pequena. Coloque um pouco do alho e do alecrim nos buracos, reservando um pouco para as batatas. Polvilhe a carne generosamente com sal e pimenta. Separe as batatas e acrescente a carne, com a gordura para cima.

3.Coloque a assadeira no forno e asse por 30 minutos. Vire as batatas. Asse por mais 30 a 45 minutos, ou até que a temperatura interna seja de 130 ° F em um termômetro de leitura instantânea inserido na parte mais grossa da carne, longe do osso. Retire a assadeira do forno e transfira o cordeiro para uma tábua. Cubra a carne com papel alumínio. Deixe descansar por pelo menos 15 minutos antes de cortar.

Quatro. Teste o cozimento das batatas espetando-as com uma faca afiada. Se precisar de mais cozimento, pré-aqueça o forno a 400 ° F. Coloque a panela no forno e cozinhe até ficar macio.

5.Fatie o cordeiro e sirva quente com as batatas.

Perna de borrego com limão, ervas e alho

agnelo staccato

Rende 6 porções

Manjericão, hortelã, alho e limão dão sabor a este assado de cordeiro. Uma vez no forno, não há muito mais o que fazer. É o prato perfeito para um pequeno jantar ou um jantar de domingo. Adicione algumas batatas, cenouras, nabos ou outras raízes à panela, se quiser.

1 perna de borrego, em fatias finas (cerca de 3 kg)

2 dentes de alho

2 colheres de sopa de manjericão fresco picado

1 colher de sopa de hortelã fresca picada

1/4 xícara de Pecorino Romano ou Parmigiano-Reggiano ralado na hora

1 colher de chá de casca de limão

1 1/2 colher de chá de orégano seco

Sal e pimenta-do-reino moída na hora

2 colheres de sopa de azeite

1. Coloque uma grade no centro do forno. Pré-aqueça o forno a 425 ° F.

descongelamento. Pique finamente o alho, o manjericão e a hortelã. Em uma tigela pequena, misture a mistura com o queijo, as raspas de limão e o orégano. Adicione 1 colher de chá de sal e pimenta moída na hora a gosto. Usando uma faca pequena, faça cortes de cerca de 3/4 de polegada de profundidade em toda a carne. Coloque um pouco da mistura de ervas em cada buraco. Esfregue o azeite por toda a carne. Asse por 15 minutos.

3. Reduza o fogo para 350 ° F. Asse por mais uma hora ou até que a carne esteja malpassada e a temperatura interna atinja 130 ° F em um termômetro de leitura instantânea inserido na parte mais grossa, mas sem tocar no osso.

Quatro. Retire o cordeiro do forno e transfira para uma tábua de cortar. Cubra o cordeiro com papel alumínio e deixe descansar por 15 minutos antes de fatiar. É servido quente.

Abóbora recheada com borrego cozido

abobrinha madura

Rende 6 porções

Uma perna de cordeiro alimenta uma multidão, mas depois de um pequeno jantar muitas vezes sobrou. Então eu faço essas deliciosas abóboras recheadas. Outros tipos de carne cozida ou mesmo de aves podem ser substituídos.

2 a 3 fatias (1/2 polegada de espessura) de pão italiano

1 1/4 xícara de leite

1 quilo de borrego cozido

2 ovos grandes

2 colheres de sopa de salsa fresca picada

2 dentes de alho, bem picados

1/2 xícara de Pecorino Romano ou Parmigiano-Reggiano ralado na hora

Sal e pimenta-do-reino moída na hora

6 abobrinhas médias, lavadas e cortadas

2 xícaras de molho de tomate, por exemplo molho marinara

1. Coloque uma grade no centro do forno. Pré-aqueça o forno a 425 ° F. Unte uma assadeira de 13 × 9 × 2 polegadas.

descongelamento. Retire a côdea do pão e corte o pão em pedaços. (Você deve ter cerca de 1 xícara.) Coloque os pedaços em uma tigela média, despeje o leite e deixe-os infundir.

3. Pique a carne muito finamente em um processador de alimentos. Transfira para uma tigela grande. Adicione os ovos, salsa, alho, pão encharcado, 1/4 xícara de queijo e sal e pimenta a gosto. Mexa bem.

Quatro. Corte a abobrinha ao meio no sentido do comprimento. Raspe as sementes. Recheie a abóbora com a mistura de carne. Disponha as abóboras lado a lado na assadeira. Despeje o molho por cima e polvilhe com o queijo restante.

5. Asse por 35 a 40 minutos ou até que o recheio esteja cozido e a abóbora esteja macia. Sirva morno ou em temperatura ambiente.

Coelho com vinho branco e ervas

vinho branco coniglio

Rende 4 porções

Esta é uma receita básica de coelho da Ligúria que pode ser variada adicionando azeitonas pretas ou verdes ou outras ervas. Os chefs desta região preparam o coelho de várias formas, incluindo com pinhões, cogumelos ou alcachofras.

1 coelho (2 1/2 a 3 libras), cortado em 8 pedaços

Sal e pimenta-do-reino moída na hora

3 colheres de sopa de azeite

1 cebola pequena, bem picada

1 1/2 xícara de cenoura bem picadinha

1 1/2 xícara de aipo finamente picado

1 colher de sopa de folhas frescas de alecrim picadas

1 colher de chá de tomilho fresco picado

1 folha de louro

1 1/2 xícara de vinho branco seco

1 xícara de sopa de frango

1. Lave os pedaços de coelho e seque com papel de cozinha. Polvilhe com sal e pimenta.

descongelamento. Em uma frigideira grande, aqueça o óleo em fogo médio. Adicione o coelho e doure levemente por todos os lados, cerca de 15 minutos.

3. Espalhe a cebola, a cenoura, o aipo e as ervas ao redor dos pedaços de coelho e cozinhe até a cebola ficar macia, cerca de 5 minutos.

Quatro. Adicione o vinho e deixe ferver. Cozinhe até que a maior parte do líquido evapore, cerca de 2 minutos. Adicione o caldo e deixe ferver. Reduza o fogo para baixo. Cubra a panela e cozinhe, virando o coelho ocasionalmente com uma pinça, até ficar macio quando perfurado com um garfo, cerca de 30 minutos.

5. Transfira o coelho para uma travessa. Cubra e mantenha aquecido. Aumente o fogo e cozinhe o conteúdo da panela até reduzir e engrossar, cerca de 2 minutos. Descarte a folha de louro.

6. Despeje o conteúdo da panela sobre o coelho e sirva imediatamente.

coelho com azeitonas

Coniglio alla Stimperata

Rende 4 porções

Pimenta vermelha, azeitonas verdes e alcaparras dão sabor a este prato de coelho siciliano. O termo alla stimperata é aplicado a várias receitas sicilianas, embora seu significado não seja claro. Pode vir de stempering, que significa "dissolver, diluir ou misturar" e refere-se a adicionar água à panela enquanto o coelho está cozinhando.

1 coelho (2 1/2 a 3 libras), cortado em 8 pedaços

1 1/4 xícara de azeite

3 dentes de alho picados

1 xícara de azeitonas verdes sem caroço, lavadas e escorridas

2 pimentões vermelhos, cortados em tiras finas

1 colher de sopa de alcaparras, empanadas

uma pitada de orégano

Sal e pimenta-do-reino moída na hora

2 colheres de sopa de vinagre de vinho branco

¹1/2 xícara de água

1. Lave os pedaços de coelho e seque com papel de cozinha.

descongelamento. Em uma frigideira grande, aqueça o óleo em fogo médio. Adicione o coelho e doure bem os pedaços de todos os lados, cerca de 15 minutos. Transfira os pedaços de coelho para um prato.

3. Adicione o alho à panela e cozinhe por 1 minuto. Adicione azeitonas, pimentões, alcaparras e orégano. Cozinhe, mexendo, por 2 minutos.

Quatro. Coloque o coelho de volta na panela. Tempere com sal e pimenta a gosto. Adicione o vinagre e a água e deixe ferver. Reduza o fogo para baixo. Cubra e cozinhe, virando o coelho de vez em quando, até ficar macio quando espetado com um garfo, cerca de 30 minutos. Adicione um pouco de água se o líquido evaporar. Transfira para uma travessa e sirva quente.

Coelho, estilo Porchetta

Coniglio em Porchetta

Rende 4 porções

A combinação de especiarias com que se prepara o porco assado é tão saborosa que os chefs a adaptaram a outras carnes mais cómodas de cozinhar. O funcho selvagem é usado na região de Marches, mas as sementes de funcho secas podem ser substituídas.

1 coelho (21/2 a 3 libras), cortado em 8 pedaços

Sal e pimenta-do-reino moída na hora

2 colheres de sopa de azeite

2 onças de bacon

3 dentes de alho, finamente picados

2 colheres de sopa de alecrim fresco picado

1 colher de sopa de sementes de funcho

2 ou 3 folhas de sálvia

1 folha de louro

1 cálice de vinho branco seco

1 1/2 xícara de água

1. Lave os pedaços de coelho e seque com papel de cozinha. Polvilhe com sal e pimenta.

descongelamento. Em uma panela grande o suficiente para acomodar os pedaços de coelho em uma única camada, aqueça o óleo em fogo médio. Disponha os pedaços na assadeira. Espalhe o bacon por toda parte. Cozinhe até que o coelho esteja dourado de um lado, cerca de 8 minutos.

3. Vire o coelho e polvilhe alho, alecrim, funcho, sálvia e louro por todos os lados. Quando o coelho estiver dourado do outro lado, após aprox. 7 minutos, acrescente o vinho e mexa, raspando o fundo da panela. Ferva o vinho por 1 minuto.

Quatro. Cozinhe, descoberto, virando a carne de vez em quando, até que o coelho esteja bem macio e desgrude do osso, cerca de 30 minutos. (Adicione um pouco de água se a panela ficar muito seca.)

5. Descarte a folha de louro. Transfira o coelho para uma travessa e sirva quente com o caldo da panela.

coelho com tomate

Coniglio alla Ciociara

Rende 4 porções

Na região de Ciociara, nos arredores de Roma, conhecida por sua deliciosa culinária, o coelho é cozido em molho de tomate e vinho branco.

1 coelho (2½ a 3 libras), cortado em 8 pedaços

2 colheres de sopa de azeite

2 onças de pancetta, em fatias grossas e picadas

2 colheres de sopa de salsa fresca picada

1 dente de alho, ligeiramente esmagado

Sal e pimenta-do-reino moída na hora

1 cálice de vinho branco seco

2 xícaras de tomates pelados, sem caroço e picados

1.Lave os pedaços de coelho e seque com papel toalha. Aqueça o óleo em uma panela grande em fogo médio. Coloque o coelho na panela e acrescente a pancetta, a salsa e o alho. Cozinhe até que o coelho esteja bem dourado por todos os lados, cerca de 15 minutos. Polvilhe com sal e pimenta.

descongelamento. Retire o alho da panela e descarte. Adicione o vinho e cozinhe por 1 minuto.

3.Reduza o fogo para baixo. Adicione os tomates e cozinhe até que o coelho esteja macio e caindo do osso, cerca de 30 minutos.

Quatro. Transfira o coelho para uma travessa e sirva quente com o molho.

Coelho guisado agridoce

Coniglio em Agrodolce

Rende 4 porções

Os sicilianos são conhecidos por sua doçura, um legado do domínio mouro da ilha que durou pelo menos duzentos anos. As passas, o açúcar e o vinagre conferem a este coelho um sabor ligeiramente agridoce.

1 coelho (2 1/2 a 3 libras), cortado em 8 pedaços

2 colheres de sopa de azeite

2 onças de bacon grosso, picado

1 cebola média, finamente picada

Sal e pimenta-do-reino moída na hora

1 cálice de vinho branco seco

2 cravos inteiros

1 folha de louro

1 xícara de caldo de carne ou frango

1 colher de açúcar

1 1/4 xícara de vinagre de vinho branco

2 colheres de passas

2 colheres de pinhões

2 colheres de sopa de salsa fresca picada

1. Lave os pedaços de coelho e seque com papel toalha. Em uma frigideira grande, aqueça o óleo e a pancetta em fogo médio por 5 minutos. Adicione o coelho e cozinhe de um lado até dourar, cerca de 8 minutos. Vire os pedaços de coelho com uma pinça e distribua a cebola por todos os lados. Polvilhe com sal e pimenta.

descongelamento. Adicione o vinho, os cravos e as folhas de louro. Leve o líquido para ferver e cozinhe até que a maior parte do vinho tenha evaporado, cerca de 2 minutos. Adicione o caldo e tampe a panela. Reduza o fogo para baixo e cozinhe até que o coelho esteja macio, 30 a 45 minutos.

3. Transfira os pedaços de coelho para um prato. (Se sobrar muito líquido, cozinhe em fogo alto até reduzir.) Adicione o açúcar, o vinagre, as passas e os pinhões. Mexa até que o açúcar se dissolva, cerca de 1 minuto.

Quatro. Retorne o coelho à panela e cozinhe, virando os pedaços no molho, até que fiquem bem revestidos, cerca de 5 minutos. Adicione a salsinha e sirva quente com o caldo da panela.

Coelho assado com batatas

Coniglio Arrosto

Rende 4 porções

Na casa da minha amiga Dora Marzovilla, um jantar de domingo ou uma refeição especial geralmente começa com uma variedade de legumes assados crocantes e macios, como corações de alcachofra ou aspargos, seguidos por tigelas fumegantes de orecchiette ou cavatelli caseiro cozido no vapor com um delicioso ragu feito com pequenos Almôndegas. Dora, que vem de Rutigliano na Puglia, é uma cozinheira maravilhosa, e este prato de coelho, que ela serve como prato principal, é uma de suas especialidades.

1 coelho (2 1/2 a 3 libras), cortado em 8 pedaços

1 1/4 xícara de azeite

1 cebola média, finamente picada

2 colheres de sopa de salsa fresca picada

1/2 xícara de vinho seco

Sal e pimenta-do-reino moída na hora

4 batatas médias para todos os fins, descascadas e cortadas em cubos de 1 polegada

1 1/2 xícara de água

1 1/2 colher de chá de orégano

1. Lave os pedaços de coelho e seque com papel de cozinha. Em uma frigideira grande, aqueça duas colheres de sopa de óleo em fogo médio. Adicione o coelho, a cebola e a salsa. Cozinhe, virando os pedaços ocasionalmente, até dourar levemente, cerca de 15 minutos. Adicione o vinho e cozinhe por mais 5 minutos. Polvilhe com sal e pimenta.

descongelamento. Coloque uma grade no centro do forno. Pré-aqueça o forno a 425 ° F. Unte uma forma grande o suficiente para conter todos os ingredientes em uma única camada.

3. Espalhe as batatas na panela e misture com as 2 colheres de sopa restantes de óleo. Adicione o conteúdo da panela à panela e coloque os pedaços de coelho ao redor das batatas. Adicione a água. Polvilhe com orégano e sal e pimenta. Cubra a bandeja com papel alumínio. Asse por 30 minutos. Tampe e

cozinhe por mais 20 minutos ou até que as batatas estejam macias.

Quatro. Transfira para uma tigela. É servido quente.

alcachofras marinadas

alcachofras marinadas

Rende de 6 a 8 porções

Estas alcachofras são excelentes em saladas, com iguarias ou como parte de uma variedade de antepastos. As alcachofras podem ser mantidas na geladeira por pelo menos duas semanas.

Se você não tiver alcachofras baby, substitua por alcachofras de tamanho médio, cortadas em oito cubos.

1 xícara de vinagre de vinho branco

2 xícaras de água

1 folha de louro

1 dente de alho inteiro

8 a 12 alcachofras baby, aparadas e esquartejadas (verPara preparar alcachofras inteiras)

pimenta vermelha moída em pó

Sal

Azeite virgem extra

1. Em uma panela grande, misture o vinagre, a água, a folha de louro e o alho. Leve o líquido para ferver.

descongelamento. Adicione alcachofras, pimenta vermelha esmagada e sal a gosto. Cozinhe até ficar macio quando perfurado com uma faca, 7 a 10 minutos. Retire do fogo. Despeje o conteúdo da panela por uma peneira de malha fina em uma tigela. Guarde o líquido.

3. Embale as alcachofras em frascos esterilizados. Despeje o líquido de cozimento para cobrir. Deixe esfriar completamente. Cubra e leve à geladeira por pelo menos 24 horas ou até 2 semanas.

Quatro. Para servir, escorra as alcachofras e regue com o azeite.

alcachofra romana

Alcachofra alla Romana

Rende 8 porções

Pequenas fazendas em Roma produzem muitas alcachofras frescas durante a primavera e o outono. Caminhões pequenos os levam para mercados de esquina, onde são vendidos diretamente na traseira do caminhão. As alcachofras têm caules longos e folhas ainda presas porque os caules, quando descascados, são bons para comer. Os romanos cozinhavam alcachofras com o caule para cima. Eles ficam muito atraentes quando colocados em uma travessa.

2 dentes grandes de alho picados finamente

2 colheres de sopa de salsa fresca picada

1 colher de sopa de hortelã fresca picada ou 1/2 colher de chá de manjerona seca

Sal e pimenta-do-reino moída na hora

1 1/4 xícara de azeite

8 alcachofras médias, preparadas para rechear (verPara preparar alcachofras inteiras)

1 1/2 xícara de vinho branco seco

1. Em uma tigela pequena, misture o alho, a salsa e a hortelã ou manjerona. Adicione sal e pimenta a gosto. Adicione 1 colher de sopa de óleo.

descongelamento. Espalhe cuidadosamente as folhas de alcachofra e coloque um pouco da mistura de alho no centro. Aperte levemente as alcachofras para segurar o recheio e coloque-as com o caule para cima em uma panela grande o suficiente para mantê-las na posição vertical. Despeje o vinho ao redor das alcachofras. Adicione água a uma profundidade de 3/4 de polegada. Regue o azeite restante sobre as alcachofras.

3. Tampe a panela e leve o líquido para ferver em fogo médio. Cozinhe por 45 minutos ou até que as alcachofras estejam macias quando perfuradas com uma faca. Sirva morno ou em temperatura ambiente.

alcachofras cozidas

ensopado de alcachofra

Rende 8 porções

As alcachofras são membros da família do cardo e crescem em plantas curtas e espessas. Eles são encontrados em muitos lugares no sul da Itália e muitas pessoas os cultivam em seus jardins domésticos. Uma alcachofra é na verdade uma flor fechada. Alcachofras muito grandes crescem no topo do arbusto, enquanto as menores brotam perto da base. Alcachofras pequenas, muitas vezes chamadas de alcachofras de frango, são ideais para cozinhar. Prepare-os para cozinhar como faria com uma alcachofra maior. A textura e o sabor amanteigado doce são especialmente bons com peixes.

1 cebola pequena, bem picada

1 1/4 xícara de azeite

1 dente de alho, finamente picado

2 colheres de sopa de salsa fresca picada

bebê de 2kgAlcachofra, cortado e esquartejado

1 1/2 xícara de água

Sal e pimenta-do-reino moída na hora

1. Em uma panela grande, refogue a cebola no óleo em fogo médio até amolecer, cerca de 10 minutos. Adicione o alho e a salsa.

descongelamento. Adicione as alcachofras à panela e mexa bem. Adicione água e sal e pimenta a gosto. Cubra e cozinhe até que as alcachofras estejam macias quando perfuradas com uma faca, cerca de 15 minutos. Sirva morno ou em temperatura ambiente.

Variação: Na etapa 2, adicione 3 batatas médias, descascadas e cortadas em cubos de 2,5 cm, junto com a cebola.

Alcachofras, estilo judaico

Alcachofras alla Giudia

Rende 4 porções

Os judeus chegaram pela primeira vez a Roma no século I aC. Eles se estabeleceram perto do rio Tibre e em 1556 foram presos em um gueto murado pelo Papa Paulo IV. Muitos eram pobres e sobreviviam com os alimentos simples e baratos disponíveis, como bacalhau, abóboras e alcachofras. Na época em que os muros do gueto caíram em meados do século 19, os judeus de Roma haviam desenvolvido seu próprio estilo de cozinhar, que mais tarde divergiu de outros romanos. Hoje, alimentos judaicos como flores de abobrinha recheadas fritas, Nhoque com sêmola, e essas alcachofras são consideradas clássicos romanos.

O bairro judeu de Roma ainda existe e existem alguns bons restaurantes onde se pode experimentar este estilo de cozinha. No Piperno e no Da Giggetto, duas trattorias favoritas, essas alcachofras assadas são servidas quentes com bastante sal. As folhas são crocantes como batatas fritas. O cone vai espirrar enquanto você cozinha, então fique longe do fogão e proteja suas mãos.

4 médiunsAlcachofra, preparado como recheio

Azeite

Sal

1.Seque a alcachofra. Coloque uma alcachofra com o lado inferior para cima em uma superfície plana. Pressione a alcachofra com a palma da mão para achatá-la e abrir as folhas. Repita com o resto das alcachofras. Vire-os para que as pontas das folhas fiquem voltadas para cima.

descongelamento. Em uma frigideira grande e funda ou em uma panela larga e pesada, aqueça cerca de 2 polegadas de azeite em fogo médio até que uma folha de alcachofra chie no óleo e doure rapidamente. Proteja sua mão com uma luva de forno, pois o óleo pode espirrar e respingar se a alcachofra estiver molhada. Adicione a alcachofra com as pontas das folhas para baixo. Cozinhe, pressionando as alcachofras no óleo com uma escumadeira, até dourar de um lado, cerca de 10 minutos. Usando pinças, vire delicadamente as alcachofras e cozinhe até dourar, cerca de 10 minutos.

3.Escorra em papel de cozinha. Polvilhe com sal e sirva imediatamente.

Ensopado de legumes primavera romeno

Vignarola

Rende de 4 a 6 porções

Os italianos estão muito sintonizados com as estações do ano, e a chegada das primeiras flores da primavera indica que o inverno acabou e o clima quente logo voltará. Para comemorar, os romenos comem tigelas deste ensopado de vegetais frescos com alcachofras como prato principal.

4 onças de pancetta fatiada, picada

1 1/4 xícara de azeite

1 cebola média, picada

4 médiunsAlcachofra, cortado e esquartejado

1 libra de feijão fresco, descascado ou em vez de 1 xícara de feijão ou feijão congelado

1/2 xícaraSopa de galinha

Sal e pimenta-do-reino moída na hora

1 libra de ervilhas frescas, sem casca (cerca de 1 xícara)

2 colheres de sopa de salsa fresca picada

1. Em uma panela grande, cozinhe a pancetta no óleo em fogo médio. Mexa sempre, até que a pancetta comece a dourar, 5 minutos. Adicione a cebola e cozinhe até dourar, cerca de 10 minutos a mais.

descongelamento. Adicione alcachofras, favas, caldo e sal e pimenta a gosto. Reduza o calor. Cubra e cozinhe por 10 minutos ou até que as alcachofras estejam quase macias quando perfuradas com uma faca. Adicione as ervilhas e a salsa e cozinhe por mais 5 minutos. Sirva morno ou em temperatura ambiente.

Corações crocantes de alcachofra

Alcachofra Fritti

Rende de 6 a 8 porções

Nos Estados Unidos, a alcachofra é cultivada principalmente na Califórnia, onde foi plantada pela primeira vez no início do século 20 por imigrantes italianos. As variedades são diferentes das da Itália e muitas vezes são muito maduras quando colhidas, às vezes tornando-as duras e amadeiradas. Corações de alcachofra congelados podem ser muito bons e economizar muito tempo. Às vezes eu os uso para esta receita. Corações de alcachofra fritos ficam deliciosos com costeletas de cordeiro ou como aperitivo.

12 criançaAlcachofra, aparado e esquartejado, ou 2 (10 onças) pacotes de corações de alcachofra congelados, levemente cozidos de acordo com as instruções da embalagem

3 ovos grandes, batidos

Sal

2 xícaras de farinha de rosca seca

óleo para fritar

rodelas de limão

1. Alcachofras secas frescas ou cozidas. Em uma tigela média e rasa, bata os ovos com sal a gosto. Espalhe a farinha de rosca em um pedaço de papel manteiga.

descongelamento. Coloque um rack de resfriamento sobre uma assadeira. Mergulhe as alcachofras na mistura de ovos e passe-as na farinha de rosca. Coloque as alcachofras na grelha para secar por pelo menos 15 minutos antes de cozinhar.

3. Forre um tabuleiro com papel de cozinha. Despeje o óleo a uma profundidade de 1 polegada em uma frigideira grande e pesada. Aqueça o óleo até que uma gota da mistura de ovos chie. Adicione alcachofras suficientes para caber confortavelmente na panela sem amontoar. Cozinhe, virando os pedaços com pinças, até dourar, cerca de 4 minutos. Escorra em papel de cozinha e mantenha quente enquanto a alcachofra restante é frita, em porções, se necessário.

Quatro. Polvilhe com sal e sirva quente com rodelas de limão.

alcachofras recheadas

Alcachofra Ripieni

Rende 8 porções

Minha mãe sempre fazia alcachofras assim: é um prato clássico em todo o sul da Itália. O recheio é suficiente para temperar as alcachofras e realçar seu sabor. Muito recheio deixa a alcachofra empapada e pesada, então não aumente a quantidade de pão ralado e pelo menos use pão ralado de boa qualidade. As alcachofras podem ser preparadas com antecedência e servidas em temperatura ambiente ou comidas quentes e frescas.

8 médioAlcachofra, pronto para encher

3/4 chávena de pão ralado seco

1 1/4 xícara de salsa fresca picada

1/4 xícara de Pecorino Romano ou Parmigiano-Reggiano ralado na hora

1 dente de alho, bem picado

Sal e pimenta-do-reino moída na hora

Azeite

1. Use uma faca de chef grande para cortar finamente os talos de alcachofra. Misture os talos em uma tigela grande com a farinha de rosca, salsa, queijo, alho e sal e pimenta a gosto. Adicione um pouco de óleo e misture para umedecer as migalhas uniformemente. Teste e ajuste os temperos.

descongelamento. Separe cuidadosamente as folhas. Recheie delicadamente o centro da alcachofra com a mistura de migalhas, acrescentando também um pouco de recheio entre as folhas. Não embale o recheio.

3. Coloque as alcachofras em uma panela larga o suficiente para mantê-las em pé. Adicione água a uma profundidade de 3/4 de polegada ao redor das alcachofras. Regue as alcachofras com 3 colheres de sopa de azeite.

Quatro. Tampe a panela e leve ao fogo médio. Quando a água ferver, reduza o fogo. Cozinhe aprox. 40 a 50 minutos (dependendo do tamanho das alcachofras), ou até que o fundo da alcachofra esteja macio quando furado com uma faca e uma folha saia facilmente. Adicione água quente adicional, se necessário, para evitar queimaduras. Sirva morno ou em temperatura ambiente.

Alcachofras recheadas à moda siciliana

Alcachofra alla siciliana

Rende 4 porções

O clima quente e seco da Sicília é perfeito para o cultivo de alcachofras. As plantas, que têm folhas serrilhadas de prata, são muito bonitas e muitas pessoas as usam como arbustos decorativos em seus jardins domésticos. No final da temporada, as alcachofras restantes na planta se abrem, expondo a gargantilha totalmente madura no centro, que é roxa e junco.

Esta é a maneira siciliana de rechear alcachofras, que é mais complexa do que issoalcachofras recheadasPrescrição médica. É servido como entrada antes de um peixe grelhado ou um pedaço de borrego.

4 médiunsAlcachofra, pronto para encher

1 1/2 xícara de farinha de rosca

4 filés de anchova finamente picados

2 colheres de sopa de alcaparras picadas escorridas

2 colheres de sopa de pinhões torrados

2 colheres de passas douradas

2 colheres de sopa de salsa fresca picada

1 dente grande de alho, finamente picado

Sal e pimenta-do-reino moída na hora

4 colheres de sopa de azeite

1 1/2 xícara de vinho branco seco

A água

1. Combine farinha de rosca, anchovas, alcaparras, pinhões, passas, salsa, alho, sal e pimenta em uma tigela média. Adicione duas colheres de sopa de óleo.

descongelamento. Separe cuidadosamente as folhas. Recheie as alcachofras frouxamente com a mistura de farinha de rosca, acrescentando um pouco de recheio entre as folhas também. Não embale o recheio.

3. Coloque as alcachofras em uma panela grande o suficiente para mantê-las em pé. Adicione água a uma profundidade de

3/4 de polegada ao redor das alcachofras. Regue com as 2 colheres de sopa restantes de óleo. Despeje o vinho ao redor das alcachofras.

Quatro. Tampe a panela e leve ao fogo médio. Quando a água ferver, reduza o fogo. Cozinhe por 40 a 50 minutos (dependendo do tamanho das alcachofras) ou até que o fundo da alcachofra esteja macio quando furado com uma faca e uma folha saia facilmente. Adicione água quente adicional, se necessário, para evitar queimaduras. Sirva morno ou em temperatura ambiente.

Espargos "na frigideira"

Espargos em Padella

Rende de 4 a 6 porções

Estes aspargos são rápidos para assar. Adicione alho picado ou ervas frescas, se desejar.

3 colheres de sopa de azeite

1 quilo de espargos

Sal e pimenta-do-reino moída na hora

2 colheres de sopa de salsa fresca picada

1. Corte a parte de baixo dos aspargos no ponto em que o caule muda de branco para verde. Corte os aspargos em pedaços de 2 polegadas.

descongelamento. Em uma frigideira grande, aqueça o óleo em fogo médio. Adicione os aspargos e sal e pimenta a gosto. Cozinhe por 5 minutos, mexendo sempre, ou até que os aspargos estejam levemente dourados.

3. Tampe a panela e cozinhe por mais 2 minutos ou até os aspargos ficarem macios. Adicione a salsinha e sirva imediatamente.

Espargos com azeite e vinagre

salada de espargos

Rende de 4 a 6 porções

Assim que aparecem na primavera os primeiros rebentos cultivados localmente, preparo-os desta forma e em grandes quantidades para satisfazer os apetites que se desenvolveram durante o longo inverno. Jogue os aspargos no molho ainda quente para absorver o sabor.

1 quilo de espargos

Sal

1 1/4 xícara de azeite extra virgem

1 a 2 colheres de sopa de vinagre de vinho tinto

pimenta preta moída na hora

1. Corte a parte de baixo dos aspargos no ponto em que o caule muda de branco para verde. Leve cerca de 2 polegadas de água para ferver em uma panela grande. Adicione aspargos e sal a gosto. Cozinhe até que os aspargos dobrem levemente

quando levantados do caule, 4 a 8 minutos. O tempo de cozedura vai depender da espessura dos espargos. Retire os aspargos com uma pinça. Escorra em papel toalha e seque.

descongelamento. Em uma tigela grande e rasa, misture o azeite, o vinagre, uma pitada de sal e uma quantidade generosa de pimenta. Bata com um garfo até combinado. Adicione os aspargos e misture delicadamente até que esteja coberto. Sirva morno ou em temperatura ambiente.

Espargos com manteiga de limão

aspargos na bunda

Rende de 4 a 6 porções

Aspargos cozidos desta forma básica vão bem com quase tudo, de ovos a peixe e carne. Adicione cebolinha fresca picada, salsa ou manjericão à manteiga para dar um toque especial.

1 quilo de espargos

Sal

2 colheres de sopa de manteiga sem sal, derretida

1 colher de sopa de suco de limão fresco

pimenta preta moída na hora

1. Corte a parte de baixo dos aspargos no ponto em que o caule muda de branco para verde. Leve cerca de 2 polegadas de água para ferver em uma panela grande. Adicione aspargos e sal a gosto. Cozinhe até que os aspargos dobrem levemente quando levantados do caule, 4 a 8 minutos. O tempo de cozedura vai depender da espessura dos espargos. Retire os

aspargos com uma pinça. Escorra-os em papel de cozinha e seque-os.

descongelamento. Limpe a panela. Adicione a manteiga e cozinhe em fogo médio até derreter, cerca de 1 minuto. Adicione o suco de limão. Retorne os aspargos para a panela. Polvilhe com pimenta e misture delicadamente para cobrir com molho. Sirva imediatamente.

Espargos com molhos diferentes

Rende de 4 a 6 porções

Espargos cozidos são maravilhosos servidos à temperatura ambiente com vários molhos. São ideais para um jantar porque podem ser preparados com antecedência. Não importa se são grossos ou finos, mas tente obter aspargos mais ou menos do mesmo tamanho para que cozinhem por igual.

> maionese com azeite, maionese de laranja, qualquer molho verde

1 quilo de espargos

Sal

1. Prepare o molho ou molhos, se necessário. Em seguida, corte o fundo dos aspargos no ponto em que o caule muda de branco para verde.

descongelamento. Leve cerca de 2 polegadas de água para ferver em uma panela grande. Adicione aspargos e sal a gosto. Cozinhe até que os aspargos dobrem levemente quando levantados do caule, 4 a 8 minutos. O tempo de cozedura vai depender da espessura dos espargos.

3. Retire os aspargos com uma pinça. Escorra-os em papel de cozinha e seque-os. Sirva os espargos à temperatura ambiente com um ou mais molhos.

Espargos com molho de alcaparras e ovos

Espargos com Alcaparras e Ovos

Rende de 4 a 6 porções

No Trentino-Alto Adige e no Veneto, os aspargos brancos e espessos são um rito da primavera. São fritos e cozidos, adicionados a risotos, sopas e saladas. Um molho de ovo é um condimento típico, como este com suco de limão, salsa e alcaparras.

1 quilo de espargos

Sal

1 1/4 xícara de azeite

1 colher de chá de suco de limão fresco

pimenta moída na hora

1 ovo cozido em cubos

2 colheres de sopa de salsa fresca picada

1 colher de sopa de alcaparras, lavadas e escorridas

1. Corte a parte de baixo dos aspargos no ponto em que o caule muda de branco para verde. Leve cerca de 2 polegadas de água para ferver em uma panela grande. Adicione aspargos e sal a gosto. Cozinhe até que os aspargos dobrem levemente quando levantados do caule, 4 a 8 minutos. O tempo de cozedura vai depender da espessura dos espargos. Retire os aspargos com uma pinça. Escorra-os em papel de cozinha e seque-os.

descongelamento. Em uma tigela pequena, misture o azeite, o suco de limão e uma pitada de sal e pimenta. Adicione os ovos, a salsa e as alcaparras.

3. Coloque os aspargos em uma travessa e despeje o molho por cima. Sirva imediatamente.

Aspargos com Parmesão e Manteiga

Espargos à parmegiana

Rende de 4 a 6 porções

Isso às vezes é chamado de aspargo alla Milanese (espargos à milanesa), embora seja comido em muitas regiões diferentes. Se você encontrar aspargos brancos, eles são particularmente adequados para este tratamento.

1 quilo de espargos grossos

Sal

2 colheres de sopa de manteiga sem sal

pimenta preta moída na hora

1/2 xícara de Parmigiano-Reggiano ralado

1. Corte a parte de baixo dos aspargos no ponto em que o caule muda de branco para verde. Leve cerca de 2 polegadas de água para ferver em uma panela grande. Adicione aspargos e sal a gosto. Cozinhe até que os aspargos dobrem levemente quando levantados do caule, 4 a 8 minutos. O tempo de

cozedura vai depender da espessura dos espargos. Retire os aspargos com uma pinça. Escorra-os em papel de cozinha e seque-os.

descongelamento. Coloque uma grade no centro do forno. Pré-aqueça o forno a 450 ° F. Unte um refratário grande.

3.Disponha os aspargos lado a lado em uma assadeira, ligeiramente sobrepostos. Regue com manteiga e polvilhe com pimenta e queijo.

Quatro. Asse por 15 minutos ou até o queijo derreter e dourar. Sirva imediatamente.

Wraps de espargos e presunto

Fagottini di Asparagi

Rende 4 porções

Para um prato mais forte, às vezes coloco cada pacote com fatias de Fontina Valle d'Aosta, mussarela ou outro queijo que derreta bem.

1 quilo de espargos

Sal e pimenta-do-reino moída na hora

4 fatias de presunto italiano importado

2 colheres de sopa de manteiga

1/4 xícara de Parmigiano-Reggiano ralado

1. Corte a parte de baixo dos aspargos no ponto em que o caule muda de branco para verde. Leve cerca de 2 polegadas de água para ferver em uma panela grande. Adicione aspargos e sal a gosto. Cozinhe até que os aspargos dobrem levemente quando levantados do caule, 4 a 8 minutos. O tempo de

cozedura vai depender da espessura dos espargos. Retire os aspargos com uma pinça. Escorra em papel toalha e seque.

descongelamento. Coloque uma grade no centro do forno. Pré-aqueça o forno a 350 ° F. Unte um refratário grande.

3.Derreta a manteiga em uma panela grande. Adicione os espargos e polvilhe com sal e pimenta. Vire cuidadosamente os aspargos na manteiga com duas espátulas para que fiquem bem cobertos.

Quatro. Divida os aspargos em 4 grupos. Coloque cada cacho no centro de uma fatia de presunto Serrano. Envolva os espargos com as pontas do presunto serrano. Coloque os pacotes em uma assadeira. Polvilhe com parmigiano.

5.Asse os aspargos por 15 minutos ou até o queijo derreter e formar uma crosta. É servido quente.

espargos fritos

Espargos ao Forno

Rende de 4 a 6 porções

A torrefação doura os aspargos e realça sua doçura natural. São perfeitos para grelhar carne. Pode retirar a carne cozida do forno e cozer os espargos enquanto descansa. Use aspargos grossos para esta receita.

1 quilo de espargos

1 1/4 xícara de azeite

Sal

1. Coloque uma grade no centro do forno. Pré-aqueça o forno a 450 ° F. Corte o fundo dos aspargos no ponto em que o caule passa de branco para verde.

descongelamento. Disponha os aspargos em uma assadeira grande o suficiente para mantê-los em uma única camada. Regue com azeite e sal. Role os aspargos de um lado para o outro para revestir com óleo.

3. Asse por 8 a 10 minutos ou até que os aspargos estejam macios.

Espargos em Zabaglione

Espargos allo Zabaione

Rende 6 porções

Zabaglione é um creme de ovo aerado que geralmente é servido adoçado como sobremesa. Neste caso, os ovos são batidos com vinho branco sem açúcar e servidos sobre espargos. Isso faz um primeiro prato elegante para uma refeição de primavera. A limpeza dos aspargos é opcional, mas certifique-se de que os aspargos estejam macios da ponta ao caule.

1 1/2 libras de espargos

2 gemas grandes

1 1/4 xícara de vinho branco seco

Ponta da faca de sal

1 colher de sopa de manteiga sem sal

1. Corte a parte de baixo dos aspargos no ponto em que o caule muda de branco para verde. Para descascar aspargos, comece

abaixo da ponta e remova a pele verde-escura até a ponta do caule com um descascador rotativo.

descongelamento. Leve cerca de 2 polegadas de água para ferver em uma panela grande. Adicione aspargos e sal a gosto. Cozinhe até que os aspargos dobrem levemente quando levantados do caule, 4 a 8 minutos. O tempo de cozedura vai depender da espessura dos aspargos. Retire os aspargos com uma pinça. Escorra em papel toalha e seque.

3.Leve cerca de 2,5 cm de água para ferver na metade inferior de uma panela ou chaleira. Coloque as gemas, o vinho e o sal em banho-maria ou em um recipiente resistente ao calor que caiba bem na panela sem tocar na água.

Quatro. Bata a mistura de ovos até combinar e, em seguida, coloque a panela ou tigela sobre a água fervente. Bata com uma batedeira elétrica ou um batedor até que a mistura fique pálida e mantenha uma forma lisa quando os batedores são levantados, aprox. 5 minutos. Bata a manteiga até combinado.

5.Despeje o molho quente sobre os aspargos e sirva imediatamente.

Espargos com Taleggio e pinhões

Espargos com Taleggio e Pinoli

Rende de 6 a 8 porções

Não muito longe do Peck's, a famosa gastronomia de Milão (loja de comida gourmet), fica a Trattoria Milanese. É um ótimo lugar para experimentar pratos simples e clássicos da Lombardia, como este aspargo coberto com taleggio, um saboroso queijo de leite de vaca amanteigado e semi-macio que é feito localmente e é um dos melhores queijos da Itália. Fontina ou Bel Paese podem ser substituídos se o taleggio não estiver disponível.

2 quilos de espargos

Sal

2 colheres de sopa de manteiga sem sal, derretida

6 onças de taleggio, Fontina Valle d'Aosta ou Bel Paese, cortado em pedaços pequenos

1/4 chávena de pinhões picados ou amêndoas laminadas

1 colher de pão ralado

1. Coloque uma grade no centro do forno. Pré-aqueça o forno a 450 ° F. Unte uma assadeira de 13 × 9 × 2 polegadas.

descongelamento. Corte a parte de baixo dos aspargos no ponto em que o caule muda de branco para verde. Para descascar aspargos, comece abaixo da ponta e remova a pele verde-escura até a ponta do caule com um descascador rotativo.

3. Leve cerca de 2 polegadas de água para ferver em uma panela grande. Adicione aspargos e sal a gosto. Cozinhe até que os aspargos dobrem levemente quando levantados do caule, 4 a 8 minutos. O tempo de cozedura vai depender da espessura dos espargos. Retire os aspargos com uma pinça. Escorra-os em papel de cozinha e seque-os.

Quatro. Coloque os aspargos na assadeira. Regue com manteiga. Espalhe o queijo sobre os aspargos. Polvilhe com nozes e pão ralado.

5. Asse até que o queijo derreta e as nozes fiquem douradas, cerca de 15 minutos. É servido quente.

timbale de espargos

Esfarelado de aspargo

Rende 6 porções

Cremes sedosos como esses são um prato antiquado, mas que continua popular em muitos restaurantes italianos, principalmente porque é delicioso. Quase qualquer vegetal pode ser feito dessa maneira, e esses pequenos quadros são ótimos para um prato vegetariano, aperitivo ou prato principal. Sformatini, literalmente "coisas desenformadas", pode ser servido simples, coberto com molho de tomate ou queijo, ou rodeado de legumes salteados na manteiga.

1 copo Molho bechamel

1 1/2 kg de espargos picados

3 ovos grandes

1/4 xícara de Parmigiano-Reggiano ralado

Sal e pimenta-do-reino moída na hora

1. Prepare bechamel, se necessário. Leve cerca de 2 polegadas de água para ferver em uma panela grande. Adicione aspargos e sal a gosto. Cozinhe até que os aspargos dobrem levemente quando levantados do caule, 4 a 8 minutos. O tempo de cozedura vai depender da espessura dos espargos. Retire os aspargos com uma pinça. Escorra-os em papel de cozinha e seque-os. Corte e reserve 6 pontas.

descongelamento. Coloque os aspargos em um processador de alimentos e bata-os até que fiquem macios. Misture o ovo, bechamel, queijo, 1 colher de chá de sal e pimenta a gosto.

3. Coloque uma grade no centro do forno. Pré-aqueça o forno a 350 ° F. Unte generosamente seis xícaras de creme ou ramequins de 6 onças. Despeje a mistura de aspargos nos copos. Coloque os copos em uma panela grande e despeje água fervente na panela até a metade dos lados dos copos.

Quatro. Asse por 50 a 60 minutos ou até que uma faca inserida no centro saia limpa. Retire os ramequins da panela e passe uma faca pequena na borda. Vire os ramequins em pratos de servir. Cubra com as pontas de aspargos reservadas e sirva quente.

Feijão estilo country

Feijão Alla Paesana

Faz cerca de 6 xícaras de feijão, para 10 a 12 porções

Este é um método básico de cozimento para todos os tipos de feijão. Feijões encharcados podem fermentar se ficarem em temperatura ambiente, então eu os refrigerei. Depois de cozidos, sirva como está com um fio de azeite virgem extra, ou adicione a sopas ou saladas.

1 quilo de mirtilos, cannellini ou outros feijões secos

1 cenoura, fatiada

1 talo de aipo com folhas

1 cebola

2 dentes de alho

2 colheres de sopa de azeite

Sal

1.Lave os feijões e recolha-os para remover quaisquer grãos partidos ou pequenas pedras.

descongelamento. Coloque o feijão em uma tigela grande com água fria para cobri-los em 2 polegadas. Leve à geladeira por 4 horas durante a noite.

3.Escorra o feijão e coloque em uma panela grande com água fria para cobrir 1 polegada. Leve a água para ferver em fogo médio. Reduza o fogo para baixo e retire qualquer espuma que suba ao topo. Quando a espuma parar de subir, adicione os legumes e o azeite.

Quatro. Tampe a panela e cozinhe por 1 ½ a 2 horas, adicionando mais água se necessário, até que o feijão esteja bem macio e cremoso. Adicione sal a gosto e deixe por cerca de 10 minutos. Descarte os vegetais. Sirva morno ou em temperatura ambiente.

feijão toscano

feijão guisado

Rende 6 porções

Os toscanos são os mestres da culinária do feijão. Ferva legumes secos com ervas em um líquido que mal borbulha. O cozimento longo e lento produz feijões macios e cremosos que mantêm sua forma enquanto cozinham.

Prove sempre vários feijões para saber se estão cozidos, pois nem todos cozinham ao mesmo tempo. Deixei o feijão descansar um pouco no fogão depois de cozinhar para ter certeza de que estava cozido. Eles são bons quando quentes e reaquecem perfeitamente.

Os feijões são ótimos como acompanhamento ou em sopas, ou experimente-os em pão italiano torrado quente, friccionado com alho e regado com azeite.

8 onças de canelone seco, cranberries ou outros feijões

1 dente grande de alho, levemente picado

6 folhas de sálvia fresca ou um raminho pequeno de alecrim ou 3 raminhos de tomilho fresco

Sal

Azeite virgem extra

pimenta preta moída na hora

1.Lave os feijões e recolha-os para remover quaisquer grãos partidos ou pequenas pedras. Coloque o feijão em uma tigela grande com água fria para cobri-los em 2 polegadas. Leve à geladeira por 4 horas durante a noite.

descongelamento. Pré-aqueça o forno a 300 ° F. Escorra o feijão e coloque em um forno holandês ou outra panela funda e pesada com tampa bem apertada. Adicione água fresca para cobrir em 1 polegada. Adicione o alho e a sálvia. Deixe ferver em fogo baixo.

3.Tampe a assadeira e coloque-a na grade do meio do forno. Cozinhe até o feijão ficar bem macio, cerca de 1 hora e 15 minutos ou mais, dependendo do tipo e idade do feijão. Verifique ocasionalmente se é necessária mais água para manter os feijões cobertos. Alguns feijões podem exigir mais 30 minutos de tempo de cozimento.

Quatro. Experimente o feijão. Quando estiverem completamente macios, adicione sal a gosto. Deixe o feijão descansar por 10 minutos. É servido quente com um fio de azeite e uma pitada de pimenta preta.

salada de feijão

salada fagioli

Rende 4 porções

Temperar o feijão ainda quente ajuda a absorver os sabores.

2 colheres de sopa de azeite extra virgem

2 colheres de sopa de suco de limão fresco

Sal e pimenta-do-reino moída na hora

2 xícaras de feijão quente ou enlatado, como cannellini ou cranberry

1 pimentão amarelo em cubos

1 xícara de tomate cereja, cortados ao meio ou em quartos

2 cebolas verdes, cortadas em pedaços de 1/2 polegada

1 maço de rúcula, picada

1.Em uma tigela média, misture o azeite, o suco de limão e sal e pimenta a gosto. Escorra o feijão e adicione-o ao molho. Misture bem. Deixe por 30 minutos.

descongelamento. Acrescente o pimentão, o tomate e a cebola e mexa. Prove e ajuste o tempero.

3.Arrume a rúcula em uma tigela e cubra com a salada. Sirva imediatamente.

feijão e repolho

Feijão e Cavolo

Rende 6 porções

Sirva como entrada em vez de macarrão ou sopa, ou como acompanhamento de carne de porco ou frango assado.

2 onças de pancetta (4 fatias grossas), cortadas em tiras de 1/2 polegada

2 colheres de sopa de azeite

1 cebola pequena, picada

2 dentes grandes de alho

1/4 colher de chá de pimenta vermelha moída

4 xícaras de repolho picado

1 xícara de tomates frescos ou enlatados picados

Sal

3 xícaras de feijão cannellini ou mirtilos cozidos ou enlatados, escorridos

1.Em uma panela grande, cozinhe a pancetta no azeite por 5 minutos. Adicione a cebola, o alho e a pimenta e cozinhe até a cebola ficar macia, cerca de 10 minutos.

descongelamento. Acrescente o repolho, o tomate e sal a gosto. Reduza o fogo para baixo e tampe a panela. Cozinhe por 20 minutos ou até o repolho ficar macio. Adicione o feijão e cozinhe por mais 5 minutos. É servido quente.

Feijão ao molho de tomate e sálvia

Fagioli all'Uccelletto

Rende 8 porções

Estes feijões toscanos são cozinhados da mesma forma que as aves de caça com sálvia e tomates, daí o seu nome italiano.

1 kg de cannellini seco ou feijão Great Northern, lavado e escorrido

Sal

2 ramos de sálvia fresca

3 dentes grandes de alho

1 1/4 xícara de azeite

3 tomates grandes, sem pele, sem sementes e finamente picados ou 2 xícaras de tomate enlatado

1. Coloque o feijão em uma tigela grande com água fria para cobri-los em 2 polegadas. Coloque-os na geladeira para macerar por 4 horas ou durante a noite.

descongelamento. Escorra o feijão e coloque em uma panela grande com água fria para cobrir 1 polegada. Leve o líquido para ferver. Cubra e cozinhe até que o feijão esteja macio, 11/2 a 2 horas. Adicione sal a gosto e deixe por 10 minutos.

3. Em uma panela grande, cozinhe a sálvia e o alho no azeite em fogo médio e alise o alho com as costas de uma colher até que o alho fique dourado, cerca de 5 minutos. Adicione os tomates.

Quatro. Escorra o feijão, reservando o líquido. Adicione o feijão ao molho. Cozinhe por 10 minutos, acrescentando um pouco do líquido reservado caso o feijão resseque. Sirva morno ou em temperatura ambiente.

caçarola de grão de bico

Cecil em Zimino

Rende de 4 a 6 porções

Este ensopado saudável é bom por conta própria, ou você pode adicionar um pouco de macarrão ou arroz cozido e água ou caldo para fazer uma sopa.

1 cebola média, picada

1 dente de alho, finamente picado

4 colheres de sopa de azeite

1 quilo de smogo ou espinafre, cortado e picado

Sal e pimenta-do-reino moída na hora

3 1/2 xícaras de grão-de-bico cozido ou enlatado, escorrido

Azeite virgem extra

1. Em uma panela média, refogue a cebola e o alho no azeite em fogo médio até dourar, 10 minutos. Adicione smog e sal a gosto. Cubra e cozinhe por 15 minutos.

descongelamento. Adicione o grão de bico com um pouco do líquido do cozimento ou água e sal e pimenta a gosto. Cubra e cozinhe por mais 30 minutos. Mexa de vez em quando e esmague um pouco do grão-de-bico com as costas de uma colher. Adicione um pouco de líquido se a mistura ficar muito seca.

3.Deixe esfriar um pouco antes de servir. Regue com um pouco de azeite extra virgem, se desejar

Feijão com legumes amargos

Favorito e Chicória

Rende de 4 a 6 porções

O feijão seco tem sabor terroso e levemente amargo. Ao comprá-los, procure pela variedade descascada. São um pouco mais caras, mas valem a pena para evitar calos. Eles também cozinham mais rápido que o feijão com casca. Você pode encontrar feijões secos e sem casca em mercados étnicos e especializados em alimentos naturais.

Esta receita é da Puglia, onde é praticamente o prato nacional. Qualquer tipo de verde amargo pode ser usado, como radicchio, brócolis rabe, nabo ou dente de leão. Gosto de adicionar uma pitada de pimenta vermelha moída aos legumes enquanto eles cozinham, mas não é tradicional.

8 onças de feijão seco, descascado, enxaguado e escorrido

1 batata média cozida, descascada e cortada em pedaços de 1 polegada

Sal

1 kg de radicchio ou folhas de dente-de-leão picadas

1 1/4 xícara de azeite extra virgem

1 dente de alho, finamente picado

pimenta vermelha moída em pó

1. Coloque o feijão e as batatas em uma panela grande. Adicione água fria para cobrir em 1/2 polegada. Leve ao fogo e cozinhe até que o feijão esteja bem macio e desmanchando e toda a água tenha sido absorvida.

descongelamento. Adicione sal a gosto. Amasse o feijão com as costas de uma colher ou espremedor de batatas. Adicione o óleo.

3. Leve uma panela grande de água para ferver. Adicione os legumes e sal a gosto. Cozinhe até ficar macio, dependendo da variedade de legumes, 5 a 10 minutos. Seque bem.

Quatro. Seque a panela. Adicione o óleo, o alho e a pimenta vermelha moída. Cozinhe em fogo médio até que o alho fique dourado, cerca de 2 minutos. Adicione os legumes escorridos e sal a gosto. Mexa bem.

5. Espalhe o purê em uma tigela de servir. Coloque os legumes por cima. Regue com mais azeite se desejar. Sirva quente ou morno.

Feijão fresco, à romana

Fave alla Romana

Rende 4 porções

Feijões frescos em suas vagens são um importante vegetal de primavera no centro e sul da Itália. Os romenos gostam de descascá-los e comê-los crus como acompanhamento de pecorino jovem. O feijão também é cozido com outros vegetais da primavera, como ervilhas e alcachofras.

Se os grãos forem muito novos e macios, não é necessário descascar a fina pele que cobre cada grão. Tente comer um com a pele e outro sem para determinar se eles estão macios.

O sabor e a textura dos feijões frescos são completamente diferentes dos feijões secos, por isso não substitua um pelo outro. Se você não conseguir encontrar grãos frescos, procure grãos congelados vendidos em muitos mercados italianos e do Oriente Médio. Feijões-de-lima frescos ou congelados também funcionam bem neste prato.

1 cebola pequena, bem picada

4 onças de pancetta, em cubos

2 colheres de sopa de azeite

4 libras de feijão-de-lima fresco, sem casca (cerca de 3 xícaras)

Sal e pimenta-do-reino moída na hora

1 1/4 xícara de água

1. Em uma frigideira média, refogue a cebola e a pancetta no azeite em fogo médio por 10 minutos ou até dourar.

descongelamento. Adicione o feijão e sal e pimenta a gosto. Adicione água e reduza o fogo. Tampe a panela e cozinhe por 5 minutos ou até que o feijão esteja quase macio.

3. Descubra a panela e cozinhe até que o feijão e a pancetta estejam levemente dourados, cerca de 5 minutos. É servido quente.

Feijão fresco, estilo da Úmbria

Andaime

Rende 6 porções

As vagens de feijão devem ser firmes e crocantes, não murchas ou moles, o que indica que estão muito velhas. Quanto menor a vagem, mais macio o feijão. Figura 1 libra de feijão fresco por 1 xícara de feijão descascado.

2 1/2 libras de feijão-de-lima fresco e sem casca ou 2 xícaras de feijão-de-lima congelado

1 libra de acelga, aparada e cortada em tiras de 1/2 polegada

1 cebola picada

1 cenoura média, picada

1 costela de aipo picado

1 1/4 xícara de azeite

1 colher de chá de sal

pimenta preta moída na hora

1 tomate médio maduro, sem pele, sem caroço e bem picado

1.Combine todos os ingredientes, exceto tomates em uma panela média. Tampe e cozinhe, mexendo de vez em quando, por 15 minutos ou até o feijão ficar macio. Adicione um pouco de água se os legumes começarem a grudar.

descongelamento. Adicione o tomate e cozinhe por 5 minutos. É servido quente.

Brócolis com óleo e limão

Agro Brócolis

Rende 6 porções

Esta é a forma básica de servir muitos tipos de vegetais cozidos no sul da Itália. São sempre servidos à temperatura ambiente.

1 1/2 quilos de brócolis

Sal

1 1/4 xícara de azeite extra virgem

1 a 2 colheres de sopa de suco de limão fresco

Rodelas de limão, para decorar

1. Corte o brócolis em floretes grandes. Corte as pontas dos talos. Remova as peles duras com um descascador de legumes rotativo. Corte os talos grossos transversalmente em fatias de 1/4 de polegada.

descongelamento. Leve uma panela grande de água para ferver. Adicione brócolis e sal a gosto. Cozinhe até que o brócolis esteja macio, 5 a 7 minutos. Escorra e deixe esfriar delicadamente em água fria.

3. Regue o brócolis com azeite e suco de limão. Decore com rodelas de limão. É servido à temperatura ambiente.

Brócolis à moda de Parma

Brócolis à parmegiana

Rende 4 porções

Para variar, você pode fazer este prato com uma combinação de couve-flor e brócolis.

1 1/2 quilos de brócolis

Sal

3 colheres de sopa de manteiga sem sal

pimenta preta moída na hora

1/2 xícara de Parmigiano-Reggiano ralado

1. Corte o brócolis em floretes grandes. Corte as pontas dos talos. Remova as peles duras com um descascador de legumes rotativo. Corte os talos grossos transversalmente em fatias de 1/4 de polegada.

descongelamento. Leve uma panela grande de água para ferver. Adicione brócolis e sal a gosto. Cozinhe até que o brócolis esteja parcialmente cozido, cerca de 5 minutos. Escorra e esfrie com água fria.

3.Coloque uma grade no centro do forno. Pré-aqueça o forno a 375 ° F. Unte uma forma grande o suficiente para acomodar os brócolis.

Quatro. Disponha os espetos no prato preparado, sobrepondo-os ligeiramente. Regue com manteiga e polvilhe com pimenta. Polvilhe o queijo por cima.

5.Asse por 10 minutos ou até o queijo derreter e dourar levemente. É servido quente.

Rabe de brócolis com alho e pimenta

Cime di tamboril com Peperoncino

Rende 4 porções

Não fica muito melhor do que esta receita quando se trata de saborear brócolis rabe. Este prato também pode ser feito com brócolis ou couve-flor. Algumas versões incluem algumas anchovas refogadas em alho e óleo, ou tente adicionar um punhado de azeitonas para um sabor saboroso. Esta também é uma boa cobertura de massa.

1 1/2 libras brócolis rabe

Sal

3 colheres de sopa de azeite

2 dentes grandes de alho, em fatias finas

pimenta vermelha moída em pó

1. Divida brócolis rabe em floretes. Corte a base dos talos. Descascar os caules é opcional. Corte cada flor transversalmente em 2 ou 3 pedaços.

descongelamento. Leve uma panela grande de água para ferver. Adicione brócolis rabe e sal a gosto. Cozinhe até que o brócolis esteja quase macio, cerca de 5 minutos. Drenar.

3. Seque a panela e adicione óleo, alho e pimenta vermelha. Cozinhe em fogo médio até que o alho esteja levemente dourado, cerca de 2 minutos. Adicione o brócolis e uma pitada de sal. Misture bem. Cubra e cozinhe até ficar macio, mais 3 minutos. Sirva morno ou em temperatura ambiente.

Brócolis com presunto

brócolis cozido

Rende 4 porções

O brócolis nesta receita é cozido até ficar macio o suficiente para amassar com um garfo. Sirva como acompanhamento ou espalhe sobre pão italiano torrado para crostini.

1 1/2 quilos de brócolis

Sal

1 1/4 xícara de azeite

1 cebola média, picada

1 dente de alho, finamente picado

4 fatias finas de presunto italiano importado, cortadas transversalmente em tiras finas

1. Corte o brócolis em floretes grandes. Corte as pontas dos talos. Remova as peles duras com um descascador de legumes

rotativo. Corte os talos grossos transversalmente em fatias de 1/4 de polegada.

descongelamento. Leve uma panela grande de água para ferver. Adicione brócolis e sal a gosto. Cozinhe até que o brócolis esteja parcialmente cozido, cerca de 5 minutos. Escorra e esfrie com água fria.

3.Seque a panela e adicione o óleo, a cebola e o alho. Cozinhe em fogo médio até dourar, cerca de 10 minutos. Adicione brócolis. Cubra e reduza o fogo para baixo. Cozinhe até que o brócolis esteja macio, cerca de 15 minutos.

Quatro. Amasse o brócolis com um espremedor de batatas ou um garfo. Adicione o presunto. Tempere a gosto com sal e pimenta. É servido quente.

Brócolis Rabe Bread Bites

Morsi com Cime di Rape

Rende 4 porções

Uma sopa pode ser uma sopa grossa feita com macarrão ou arroz, ou um prato farto de vegetais, como este da Puglia, que inclui cubos de pão. Embora provavelmente inventado por uma dona de casa com sobras de pão e muitas bocas para encher, é saboroso o suficiente como aperitivo ou como acompanhamento de costelas ou costeletas de porco.

1 1/2 libras brócolis rabe

3 dentes de alho, em fatias finas

pimenta vermelha moída em pó

1/3 xícara de azeite

4 a 6 fatias (1/2 polegada de espessura) de pão italiano ou francês, cortadas em pedaços pequenos

1. Divida brócolis rabe em floretes. Corte a base dos talos. Descascar os caules é opcional. Corte cada flor transversalmente em pedaços de 1 polegada.

descongelamento. Leve uma panela grande de água para ferver. Adicione brócolis rabe e sal a gosto. Cozinhe até que o brócolis esteja quase macio, cerca de 5 minutos. Drenar.

3. Em uma panela grande, refogue o alho e a pimenta vermelha no azeite por 1 minuto. Adicione os cubos de pão e cozinhe, mexendo sempre, até que o pão esteja levemente torrado, cerca de 3 minutos.

Quatro. Adicione o brócolis rabe e uma pitada de sal. Cozinhe, mexendo, por mais 5 minutos. É servido quente.

Rabe de brócolis com bacon e tomate

Cime di Rape al Pomodori

Rende 4 porções

Nesta receita, os sabores carnudos de pancetta, cebola e tomate complementam o sabor ousado do brócolis rabe. Este é mais um daqueles pratos que ficam bem misturados com uma massa bem quentinha.

1 1/2 libras brócolis rabe

Sal

2 colheres de sopa de azeite

2 fatias grossas de bacon picadas

1 cebola média, picada

pimenta vermelha moída em pó

1 xícara de tomate em conserva picado

2 colheres de sopa de vinho branco seco ou água

1. Divida brócolis rabe em floretes. Corte a base dos talos. Descascar os caules é opcional. Corte cada flor transversalmente em pedaços de 1 polegada.

descongelamento. Leve uma panela grande de água para ferver. Adicione brócolis rabe e sal a gosto. Cozinhe até que o brócolis esteja quase macio, cerca de 5 minutos. Drenar.

3. Despeje o óleo em uma panela grande. Adicione a pancetta, a cebola e o pimentão vermelho e cozinhe em fogo médio até a cebola ficar translúcida, cerca de 5 minutos. Adicione os tomates, o vinho e uma pitada de sal. Cozinhe por mais 10 minutos ou até engrossar.

Quatro. Adicione brócolis rabe e cozinhe até aquecer, cerca de 2 minutos. É servido quente.

Bolos pequenos de vegetais

Frittelle di Erbe di Campo

Rende 8 porções

Na Sicília, essas pequenas panquecas de vegetais são feitas com vegetais silvestres amargos. Você pode usar brócolis rabe, mostarda, borragem ou radicchio. Estes pequenos bolos são tradicionalmente consumidos durante a Páscoa como aperitivo ou acompanhamento. Eles estão quentes ou em temperatura ambiente.

1 1/2 libras brócolis rabe

Sal

4 ovos grandes

2 colheres de sopa de caciocavallo ou pecorino romano ralado

Sal e pimenta-do-reino moída na hora

2 colheres de sopa de azeite

1. Divida brócolis rabe em floretes. Corte a base dos talos. Descascar os caules é opcional. Corte cada flor transversalmente em pedaços de 1 polegada.

descongelamento. Leve uma panela grande de água para ferver. Adicione brócolis rabe e sal a gosto. Cozinhe até que o brócolis esteja quase macio, cerca de 5 minutos. Drenar. Deixe esfriar um pouco, depois esprema a água. Pique o brócolis rabe.

3. Em uma tigela grande, bata os ovos, queijo e sal e pimenta a gosto. Adicione os legumes.

Quatro. Aqueça o óleo em uma panela grande em fogo médio. Retire uma colher cheia da mistura e coloque-a na panela. Achate a mistura com uma colher em uma pequena panqueca. Repita com a mistura restante. Frite um lado dos biscoitos até dourar levemente, cerca de 2 minutos, depois vire-os com uma espátula e frite o outro lado até dourar levemente e ficar cozido. Sirva morno ou em temperatura ambiente.

couve-flor frita

fritas de couve-flor

Rende 4 porções

Tente servir couve-flor preparada dessa maneira para alguém que normalmente não gosta desse vegetal versátil e com certeza você vai se converter. O revestimento crocante de queijo oferece um contraste fantástico com a couve-flor tenra. Estes podem ser passados como aperitivos de festa ou servidos como acompanhamento de costeletas grelhadas. Para melhor consistência, sirva imediatamente após o cozimento.

1 couve-flor pequena (cerca de 1 quilo)

Sal

1 xícara de farinha de rosca seca

3 ovos grandes

1/2 xícara de Parmigiano-Reggiano ralado

pimenta preta moída na hora

Óleo vegetal

rodelas de limão

1.Corte a couve-flor em floretes de 2 polegadas. Corte as pontas dos talos. Corte os talos grossos transversalmente em fatias de 1/4 de polegada.

descongelamento. Leve uma panela grande de água para ferver. Adicione a couve-flor e sal a gosto. Cozinhe até que a couve-flor esteja quase macia, cerca de 5 minutos. Escorra e esfrie com água fria.

3.Coloque a farinha de rosca em uma tigela rasa. Em uma tigela pequena, bata os ovos, queijo e sal e pimenta a gosto. Mergulhe os pedaços de couve-flor no ovo e passe-os na farinha de rosca. Deixe secar em uma grade por 15 minutos.

Quatro. Despeje o óleo em uma frigideira grande e funda a uma profundidade de 1/2 polegada. Aqueça em fogo médio até que um pouco da mistura de ovos na panela chie e comece a ferver rapidamente. Enquanto isso, forre uma assadeira com papel toalha.

5. Coloque apenas pedaços de couve-flor suficientes na panela para caber confortavelmente sem tocar. Frite os pedaços, virando com uma pinça, até dourar e ficar crocante, cerca de 6 minutos. Escorra a couve-flor em papel de cozinha. Repita com a couve-flor restante.

6. Sirva a couve-flor quente com rodelas de limão.

purê de couve-flor

purê de cavolfiore

Rende 4 porções

Embora semelhante ao purê de batata normal, este purê de couve-flor é muito mais leve e saboroso. É uma boa mudança de purê de batatas e pode até ser servido com um ensopado farto, por exemploPerna de vitela estufada.

1 couve-flor pequena (cerca de 1 quilo)

3 batatas médias cozidas, descascadas e cortadas em quartos

Sal

1 colher de sopa de manteiga sem sal

2 colheres de sopa de Parmigiano-Reggiano ralado

pimenta preta moída na hora

1.Corte a couve-flor em floretes de 2 polegadas. Corte as pontas dos talos. Corte os talos grossos transversalmente em fatias de 1/4 de polegada.

descongelamento. Em uma panela grande o suficiente para conter todos os legumes, misture as batatas com 3 litros de água fria e sal a gosto. Deixe ferver e cozinhe por 5 minutos.

3. Adicione a couve-flor e cozinhe até que os legumes estejam bem macios, cerca de 10 minutos. Escorra a couve-flor e as batatas. Misture até ficar homogêneo com um misturador elétrico ou de mão. Não bata muito ou as batatas grudarão.

Quatro. Adicione a manteiga, queijo, sal e pimenta a gosto. É servido quente.

couve-flor frita

Cavolfiore al Forno

Rende de 4 a 6 porções

A couve-flor vai de macia a deliciosa quando assada até dourar levemente. Para variar, misture a couve-flor cozida com um pouco de vinagre balsâmico.

1 couve-flor média (cerca de 1 1/2 libras)

1 1/4 xícara de azeite

Sal e pimenta-do-reino moída na hora

1. Corte a couve-flor em floretes de 2 polegadas. Corte as pontas dos talos. Corte os talos grossos transversalmente em fatias de 1/4 de polegada.

descongelamento. Coloque uma grade no centro do forno. Pré-aqueça o forno a 350 ° F. Espalhe a couve-flor em uma assadeira grande o suficiente para segurá-la em uma única camada. Misture com azeite e uma boa pitada de sal e pimenta.

3. Asse, mexendo ocasionalmente, por 45 minutos ou até que a couve-flor esteja macia e levemente dourada. É servido quente.

www.ingramcontent.com/pod-product-compliance
Lightning Source LLC
Chambersburg PA
CBHW070408120526
44590CB00014B/1305